논·술·한·국·대·표·문·학

48

달밤·비 오는 길

이태준 | 최명익 | 박태원

소설가 구보 씨의 일일 외

훈민출판사

최명익의 고향인 평양 시가의 모습. 최명익은 무기력한 지식인의 절망과 방황을 작품에 담았으며, 사람들의 심리 묘사에 탁월하다는 평을 받았다.

The Best Korean Literature

이태준 생가 (강원도 철원 소재)

1943년 무렵 서울 성북동 집에서의 이태준 가족. 왼쪽부터 차녀 소남, 장녀 소명, 부인 이순옥, 차남 유진, 이태준, 삼녀 소현, 장남 유백

이태준의 〈복덕방〉 표지 원본

이태준의 〈제 2의 운명〉 친필 원고

1946년 8월 《신문학》 제13호에 실린 이태준의 삽화. 이태준은 탁월한 문장력과 잘 짜여진 구성으로 예술적 정취가 짙은 작품을 썼다.

최명익의 작품 〈장삼이사〉는 기차 안에서 보여지는 다양한 사람들의 마음속 풍경이 잘 표현되어 있다.

친구들과 함께 한 박태원
(뒷줄 오른쪽)

The Best Korean Literature

박태원. 도시를 배경으로 지식인의 내면을 탐구한 작품이나, 세태
묘사를 통해 서민들의 생활상을 감각적으로 표현한 작품을 썼다.

박태원의 결혼식 때 방명록에 쓴 안회남의
축하글

구인환(丘仁煥)

서울대학교 사범대학 졸업. 동 대학원 졸업(문학박사)
서울대학교 명예교수, 소설가(현). 서울대학교 사범대학 국어교육연구소 소장(현)
문학과문학교육연구소 소장(현). 국제펜 한국본부 부회장(현)
한국소설문학상(1987) 예술문화대상(1994) 한국문학상(2000)
작품 〈숨쉬는 영정〉, 〈살아 있는 날들〉, 〈일어서는 산〉 외 다수

- **저서** ≪한국단편소설의 이해≫, ≪한국현대소설의 비평적 성찰≫,
  ≪고교생이 알아야 할 소설≫, ≪고교생이 알아야 할 세계단편소설≫ 외 다수

윤병로(尹柄魯)

성균관대학교 국어국문학과 졸업. 동 대학원 졸업(문학박사)
성균관대학교 교수, 문학평론가(현). 한국현대소설학회장(현)
한국문예학술저작권협회 이사(현). 한국간행물윤리위원회 위원(현)
한국펜 문학상(1987). 한국문학상(1988). 대한민국문학상(1989)
수필집 ≪나의 작은 애인들≫

- **저서** ≪현대 작가론≫, ≪한국 현대 소설의 탐구≫,
  ≪한국 근대 작가 작품 연구≫, ≪한국 현대작가의 문제작 평설≫ 외 다수

홍성암(洪性岩)

고려대학교 국어국문학과 졸업. 한양대학교 대학원 국어국문학과 졸업(문학박사)
동덕여자대학교 교수, 소설가(현). 한국문인협회 회원(현)
한국소설가협회 이사(현). 국제펜 한국본부 소설분과 이사(현). 한민족 문화학회 회장(현)
창작집 ≪큰 물로 가는 큰 고기≫, ≪어떤 귀향≫ 외
대하역사소설 ≪남한산성≫(전9권) 외 다수

- **저서** ≪문학의 이해≫, ≪현대 작가론≫, ≪한국 근대 역사소설 연구≫ 외 다수

기획 · 감수

어느 모임에서의 박태원. 앞줄의 왼쪽이 이상이다.

논술 *한국대표문학*을 펴내며

21세기의 사회는 **'전자 문명 시대'**라 일컬어질 만큼 오늘날 전자 산업은 우리 생활의 거의 모든 분야에 다양하게 응용되고 있습니다. 출판 분야 또한 예외는 아니어서, 종래의 서책(Book) 대신에 이른바 '전자책(CD-ROM)'의 출간이 최근 들어 날로 증가하고 있습니다.

그러나 이러한 전자책은 영상 또는 모니터상으로 흥미 위주나 백과사전식 지식을 습득하는 데는 효과적일지 모르지만, 문학 공부를 위해서는 별로 도움이 되지 않습니다. 바꾸어 말하면, 문학 공부는 각 지면마다 살아 숨쉬는 표현 하나하나를 독자 자신의 머리로 음미하면서 작품을 읽어 나가는 가운데, 풍부한 상상력의 배양과 함께 작가의 의도와 그 작품의 내면을 깊이 있게 이해함으로써 이루어지는 것입니다.

이에 훈민출판사에서는, 자라나는 학생들이 범람하는 영상 매체에 길들여지기 전에, 어려서부터 유명한 세계문학 작품들을 책자를 통하여 감명 깊게 읽고 감상함으로써, 올바른 문학 공부의 기틀을 다지고, 아울러 전인 교육도 할 수 있도록 《논술 한국대표문학(전60권)》을 펴내게 되었습니다.

작품 선정은, 초·중·고등학교 국어 교과서와 역사 교과서에 실리거나 소개된 문학 작품을 중심으로 하되, 그리스 신화와 성경 이야기 등의 고전에서부터 중세·근대·현대에 이르기까지 세르반테스·셰익스피어·톨스토이 등 세계 유명 작가들의 장·단편 소설들을 엄선·수록하였습니다. 또 세계의 명시도 별권으로 엮었으며, 특히 각 단락마다 **'논술 문제'**를 제시하여, 장차 대학입시를 비롯한 각종 '논술 고사'에 예비 지식을 쌓을 수 있도록 배려하였습니다. 아무쪼록, 이 《논술 한국대표문학(전60권)》이 자라나는 학생들에게 문학 공부의 주춧돌이 되고, 나아가 미래를 살아가는 데 **정신적 자양분**이 되기를 진심으로 바라 마지않습니다.

훈민출판사

차례

이태준

달 밤
패강랭
까마귀

지은이

1904~? 강원도 철원에서 출생. 호는 상허. 1925년 《시대일보》에 단편 〈오몽녀〉를 발표하면서 문단에 등장했다. 1930년대에 김기림, 정지용 등과 함께 '구인회' 활동을 했다. 1939년에 《문장》지 소설 추천위원으로 활동하며 〈복덕방〉, 〈밤길〉 등을 발표했다. 이러한 작품을 통해 현대 단편소설의 기법적 틀을 완성한 작가라는 평가를 받는다.

달 밤

성북동으로 이사 나와서 한 대엿새 되었을까, 그날 밤 나는 보던 신문을 머리맡에 밀어 던지고 누워 새삼스럽게,

"여기도 정말 시골이로군!"

하였다.

무어 바깥이 컴컴한 걸 처음 보고 시냇물 소리와 쏴―하는 솔바람 소리를 처음 들어서가 아니라 황수건이라는 사람을 이날 저녁에 처음 보았기 때문이다.

그는 말 몇 마디 사귀지 않아서 곧 못난이란 것이 드러났다. 이 못난이는 성북동의 산들보다 물들보다, 조그만 지름길들보다 더 나에게 성북동이 시골이란 느낌을 풍겨 주었다.

서울이라고 못난이가 없을 리야 없겠지만 대처에서는 못난이들이 거리에 나와 행세를 하지 못하고, 시골에선 아무리 못난이라도 마음 놓고 나와 다니는 때문인지, 못난이는 시골에만 있는 것처럼 흔히 시골에서 잘 눈에 뜨인다. 그리고 또 흔히 그는 태고 때 사람처럼 그 우둔하면도 천진스런 눈을 가지고, 자기 동리에 처음 들어서는 손에게 가장 순박한 시골의 정취를 돋워 주는 것이다.

그런데 그날 밤 황수건이는 열 시나 되어서 우리 집을 찾아왔다.

그는 어두운 마당에서 꽥 지르는 소리로,

"아, 이 댁이 문안서……."

하면서 들어섰다. 잡담 제하고 큰일이나 난 사람처럼 건넌방 문 앞으로 달려들더니,

"저, 저 문안 서대문 거리라나요. 어디선가 나오신 댁입쇼?"

한다.

보니 합비는 안 입었으되 신문을 들고 온 것이 신문 배달부였다.

"그렇소, 신문이오?"

"아, 그런 걸 사흘이나 저, 저 건너쪽에만 가 찾았습죠. 제기……."

하더니 신문을 방에 들이뜨리며,

"그런뎁쇼, 왜 이렇게 죄꼬만 집을 사구 와 곕쇼. 아, 내가 알았더면 이 아래 큰 개와집도 많은걸입쇼……."

한다. 하 말이 황당스러워 유심히 그의 생김을 내다보니 눈에 얼른 두드러지는 것이 빡빡 깎은 머리로되 보통 크다는 정도 이상으로 골이 크다. 그런데다 옆으로 보니 짱구 대가리다.

"그렇소? 아무튼 집 찾느라고 수고했소."

하니 그는 큰 눈과 큰 입이 일시에 히죽거리며,

"뭘입쇼, 이게 제 업인뎁쇼."

하고 날래 물러서지 않고 목을 길게 빼어 방 안을 살핀다. 그러더니 묻지도 않는데,

"저는입쇼, 이 동네 사는 황수건이라 합니다……."

하고 인사를 붙인다. 나도 깍듯이 내 성명을 대었다. 그는 또 싱글벙글하면서,

"댁엔 개가 없구먼입쇼."

한다.

"아직 없소."

하니,

　"개 그까짓 거 두지 마십쇼."

한다.

　"왜 그렇소?"

　물으니, 그는 얼른 대답하는 말이,

　"신문 보는 집엔입쇼, 개를 두지 말아야 합니다."

한다. 이것 재미있는 말이다 하고 나는,

　"왜 그렇소?"

하고 또 물었다.

　"아, 이 뒷동네 은행소에 댕기는 집엔입쇼, 망아지만한 개가 있는뎁
　쇼, 아, 신문을 배달할 수가 있어얍죠."

　"왜?"

　"막 깨물랴고 덤비는걸입쇼."

한다. 말 같지 않아서 나는 웃기만 하니 그는 더욱 신을 낸다.

　"그놈의 개 그저, 한번, 양덕을 멕여 대야 할 텐데……."

하면서 주먹을 부르대는데 보니, 손과 팔목은 머리에 비기어 반비례로
작고 가느다랗다.

　"어서 곤할 텐데 가 자시오."

하니 그는 마지못해 물러서며,

　"선생님, 참 이 선생님 편안히 주무십쇼. 저희 집은 여기서 얼마 안
　되는 걸입쇼."

하더니 돌아갔다.

　그는 이튿날 저녁, 집을 알고 오는데도 아홉 시가 지나서야,

　"신문 배달해 왔습니다."

하고 소리를 치며 들어섰다.

"오늘은 왜 늦었소?"

물으니,

"자연 그럽죠."

하고 다른 이야기를 꺼냈다.

자기는 워낙 이 아래 있는 삼산학교에서 일을 보다 어떤 선생하고 뜻이 덜 맞아 나왔다는 것, 지금은 신문 배달을 하나 원배달이 아니라 보조 배달이라는 것, 저희 집엔 양친과 형님 내외와 조카 하나와 저희 내외까지 식구 일곱이라는 것, 저희 아버지와 저희 형님의 이름은 무엇무엇이며, 자기 이름은 황가인데다가 목숨 수자하고 세울 건자로 황수건이기 때문에, 아이들이 노랑수건이라고 놀리어서 성북동에서는 가가호호에서 노랑수건 하면, 다 자긴 줄 알리라고 자랑스럽게 이야기하다가 이 날도,

"어서 그만 다른 집에도 신문을 갖다 줘야 하지 않소?"

하니까 그 때서야 마지못해 나갔다.

우리 집에서는 그까짓 반편과 무얼 대꾸를 해 가지고 그러느냐 하되, 나는 그와 지껄이기가 좋았다.

그는 아무것도 아닌 것을 가지고 열심스럽게 이야기하는 것이 좋았고, 그와는 아무리 오래 지껄이어도 힘이 들지 않고, 또 아무리 오래 지껄이고 나도 웃음밖에는 남는 것이 없어 기분이 거뜬해지는 것도 좋았다. 그래서 나는 무슨 일을 하는 중만 아니면 한참씩 그의 말을 받아 주었다.

어떤 날은 서로 말이 막히기도 했다. 대답이 막히는 것이 아니라 무슨 말을 해야 할까 막히었다. 그러나 그는 늘 나보다 빠르게 이야깃거리를 잘 찾아냈다. 오뉴월인데도 '꿩고기를 잘 먹느냐?' 고도 묻고, '양복은 저고리를 먼저 입느냐 바지를 먼저 입느냐?' 고도 묻고, '소와 말

과 싸움을 붙이면 어느 것이 이기겠느냐?'는 둥, 아무튼 그가 얘깃거리를 취재하는 방면은 기상천외로 여간 범위가 넓지 않은데는 도저히 당할 수가 없었다. 하루는 나는 '평생 소원이 무엇이냐?'고 그에게 물어보았다. 그는 '그까짓 것쯤 얼른 대답하기는 누워서 떡먹기'라고 하면서 평생 소원은 자기도 원배달이 한번 되었으면 좋겠다는 것이었다.

남이 혼자 배달하기 힘들어서 한 이십 부 떼어 주는 것을 배달하고, 월급이라고 원배달에게서 한 삼 원 받는 터이라, 월급을 이십여 원을 받고, 신문사 옷을 입고, 방울을 차고 다니는 원배달이 제일 부럽노라 하였다. 그리고 방울만 차면 자기도 뛰어다니며 빨리 돌 뿐 아니라 그 은행소에 다니는 집 개도 조금도 무서울 것이 없겠노라 하였다.

그래서 나는 '그럴 것 없이 아주 신문사 사장쯤 되었으면 원배달도 바랄 것 없고 그 은행소에 다니는 집 개도 상관할 바 없지 않겠느냐?' 한즉, 그는 뚱그레지는 눈알을 한참 굴리며 생각하더니 '딴은 그렇겠다'고 하면서, 자기는 경난이 없어 거기까지는 바랄 생각도 못하였다고 무릎을 치듯 가슴을 쳤다.

그러나 신문 사장은 이내 잊어버리고 원배달만 마음에 박혔던 듯, 하루는 바깥마당에서부터 무어라고 떠들어 대며 들어왔다.

"이 선생님? 이 선생님 곕쇼? 아, 저도 내일부턴 원배달이올시다. 오늘 밤만 자면입쇼……."

한다. 자세히 물어보니 성북동이 따로 한 구역이 되었는데, 자기가 맡게 되었으니까 내일은 배달복을 입고 방울을 막 떨렁거리면서 올 테니 보라고 한다. 그리고 '사람이란 게 그렇게 무어든지 끝을 바라고 붙들어야 한다.'고 나에게 일러주면서 신이 나서 돌아갔다. 우리도 그가 원배달이 된 것이 좋은 친구가 큰 출세나 하는 것처럼 마음속으로 진실로 즐거웠다. 어서 내일 저녁에 그가 배달복을 입고 방울을 차고 와서 쫄

럭거리는 것을 보리라 하였다.

그러나 이튿날 그는 오지 않았다. 밤이 늦도록 신문도 그도 오지 않았다. 그 다음 날도 신문도 그도 오지 않다가 사흘째 되는 날에야, 이 날은 해도 지기 전인데 방울 소리가 요란스럽게 우리 집으로 뛰어들었다.

'어디 보자!'

하고 나는 방에서 뛰어나갔다.

그러나 웬일일까. 정말 배달복에 방울을 차고 신문을 들고 들어서는 사람은 황수건이가 아니라 처음 보는 사람이다.

"왜 전엣사람은 어디 가고 당신이오?"

물으니 그는,

"제가 성북동을 맡았습니다."

한다.

"그럼, 전엣사람은 어디를 맡았소?"

하니 그는 픽 웃으며,

"그까짓 반편을 어딜 맡깁니까? 배달부로 쓸라다가 똑똑치가 못 하니까 안 쓰고 말었나 봅니다."

한다.

"그럼 보조 배달도 떨어졌소?"

하니,

"그럼요, 여기가 따루 한 구역이 된 걸이오."

하면서 방울을 울리며 나갔다.

이렇게 되었으니 황수건이가 우리 집에 올 길은 없어지고 말았다. 나도 가끔 문안엔 다니지만, 그의 집은 내가 다니는 길 옆은 아닌 듯 길가에서도 잘 보이지 않았다.

나는 가까운 친구를 먼 곳에 보낸 것처럼, 아니 친구가 큰 사업에나 실패하는 것을 보는 것처럼, 못 만나는 섭섭뿐이 아니라 마음이 아프기도 하였다. 그 당자와 함께 세상의 야박함이 원망스럽기도 하였다.

한데 황수건은 그의 말대로 노랑수건이라면 온 동네에서 유명은 하였다. 노랑수건 하면 누구나 성북동에서 오래 산 사람이면 먼저 웃고 대답하는 것을 나는 차츰 알았다.

내가 잠깐씩 며칠 보기에도 그랬거니와 그에겐 우스운 일화도 한두 가지가 아니었다.

삼산학교에 급사로 있을 시대에 삼산학교에다 남겨 놓고 나온 일화도 여러 가지라는데, 그 중에 두어 가지를 동네 사람들의 말대로 옮겨 보면, 역시 그 때부터도 이야기하기를 대단 즐기어 선생들이 교실에 들어간 새 손님이 오면 으레 손님을 앉히고는 자기도 걸상을 갖다 떡 마주 놓고 앉는 것은 물론, 마주 앉아서는 곧 자기류의 만담 삼매로 빠지는 것인데, 한번은 도 학무국에서 시학관이 나온 것을 이 따위로 대접하였다. 일본말을 못 하니까 만담은 할 수 없고 마주 앉아서 자꾸 일본말을 연습하였다.

"센세이 히, 오하요 고자이마스카(선생님, 안녕하세요)?······ 히히 아메가 후리마스(비가 옵니다). 유키가 후리마스카(눈이 옵니까)? 히히······."

시학관도 인정이라 처음엔 웃었다. 그러나 열 번 스무 번을 되풀이하는 데는 성이 나고 말았다. 선생들은 아무리 기다려도 종소리가 나지 않으니까, 한 선생이 나와 보니 종 칠 것도 잊어버리고 손님과 마주 앉아서 '오하요 유키가 후리마스카······.' 하는 판이다.

그 날 수건이는 선생들에게 단단히 몰리고 다시는 안 그러겠노라고 했으나, 그 버릇을 고치지 못해서 그예 쫓겨나오고 만 것이다.

그는,

"너의 색시 달아난다."

하는 말을 제일 무서워했다 한다. 한번은 어느 선생이 장난엣말로,

"요즘 같은 따뜻한 봄날엔 옛날부터 색시들이 달아나기를 좋아하는데 어제도 저 아랫말에서 둘이나 달아났다니까 오늘은 이 동리에서 꼭 달아나는 색시가 있을걸……."

했더니 수건이는 점심을 먹다 말고 눈이 휘둥그레졌다 한다. 그리고 그날 오후에는 어서 바삐 하학을 시키고 집으로 갈 양으로 오십 분 만에 치는 종을 이십 분 만에, 삼십 분 만에 함부로 다가서 쳤다는 이야기도 있다.

하루는, 나는 거의 그를 잊어버리고 있을 때,

"이 선생님 곕쇼?"

하고 수건이가 찾아왔다. 반가웠다.

"선생님, 요즘 신문이 걸르지 않고 잘 옵쇼?"

하고 그는 배달 감독이나 되어 온 듯이 묻는다.

"잘 오, 왜 그류?"

한즉 또,

"늦지도 않굽쇼, 일찍이 제때마다 꼭 옵쇼?"

한다.

"당신이 돌 때보다 세 시간은 일찍이 오고 날마다 꼭꼭 잘 오."

하니 그는 머리를 벅적벅적 긁으면서,

"하루라도 걸르기만 해라. 신문사에 가서 대뜸 일러바치지……."

하고 그 빈약한 주먹을 부르댄다.

"그런뎁쇼, 선생님?"

"왜 그류?"

"삼산학교에 말씀예요, 그 제 대신 들어온 급사가 저보다 근력이 세게 생겼습죠?"

"나는 그 사람을 보지 못해서 모르겠소."

하니 그는 은근한 말소리로 히죽거리며,

"제가 거길 또 들어가 볼라굽쇼, 운동을 합죠."

한다.

"어떻게 운동을 하오?"

"그까짓 거 날마당 사무실로 갑죠. 다시 써 달라고 졸라 댑죠. 아, 그랬더니 새 급사란 녀석이 저보다 크기도 무척 큰뎁쇼, 이 녀석이 막 불근댑니다그려. 그래 한번 쌈을 해야 할 턴뎁죠, 그 녀석이 근력이 얼마나 센지 알아야 뎀벼들 턴뎁쇼…… 허."

"그렇지, 멋모르고 대들었다 매만 맞지."

하니 그는 한 걸음 다가서며 또 은근한 말을 한다.

"그래섭쇼, 엊저녁엔 큰 돌멩이 하나를 굴려다 삼산학교 대문에다 났습죠. 그리구 오늘 아침에 가 보니깐 없어졌는뎁쇼. 이 녀석이 나처럼 억지루 굴려다 버렸는지, 뻔쩍 들어다 버렸는지 그만 못 봤거든입쇼, 제—길……."

하고 머리를 긁는다. 그러더니 갑자기 무얼 생각한 듯 손뼉을 탁 치더니,

"그런뎁쇼, 제가 온 건입쇼, 댁에선 우두를 넣지 마시라구 왔습죠."

한다.

"우두를 왜 넣지 말란 말이오?"

한즉,

"요즘 마마가 다닌다구 모두 우두들을 넣는뎁쇼. 우두를 넣으면 사람

이 근력이 없어지는 법인뎁쇼."
하고 자기 팔을 걷어 올려 우두 자리를 보이면서,
　"이걸 봅쇼. 저두 우두를 이렇게 넣기 때문에 근력이 줄었습죠."
한다.
　"우두를 넣으면 근력이 준다고 누가 그립디까?"
물으니 그는 싱글거리며,
　"아, 제가 생각해 냈습죠."
한다.
　"왜 그렇소?"
하고 캐니,
　"뭘…… 저 아래 윤금보라고 있는데 기운이 장산뎁쇼. 아, 삼산학교
　그 녀석두 우두만 넣었다면 그까짓 거 무서울 것 없는뎁쇼. 그걸 모

르겠거든입쇼……."

한다. 나는,

"그렇게 용한 생각을 하고 일러 주러 왔으니 아주 고맙소."

하였다. 그는 좋아서 벙긋거리며 머리를 긁었다.

"그래 삼산학교에 다시 들기만 기다리고 있소?"

물으니 그는,

"돈만 있으면 그까짓 거 누가 고스카이(용인) 노릇을 합쇼. 밑천만 있
으면 삼산학교 앞에 가서 뻐젓이 장사를 할 턴뎁쇼."

한다.

나는 그 날 그에게 돈 삼 원을 주었다. 그의 말대로 삼산학교 앞에 가
서 뻐젓이 참외 장사라도 해 보라고. 그리고 돈은 남지 못하면 돌려 오
지 않아도 좋다 하였다.

그는 삼 원 돈에 덩실덩실 춤을 추다시피 뛰어나갔다. 그리고 그 이튿날,

"선생님 잡수시라굽쇼."

하고 나 없는 때 참외 세 개를 갖다 두고 갔다.

그리고는 온 여름 동안 그는 우리 집에 얼른하지 않았다.

들으니 참외 장사를 해 보긴 했는데 이내 장마가 들어 밑천만 까먹었고, 또 그까짓 것보다 한 가지 놀라운 소식은 그의 아내가 달아났단 것이다. 저희끼리 금실은 괜찮았건만 동서가 못 견디게 굴어 달아난 것이라 한다. 남편만 남 같으면 따로 살림 나는 날이나 기다리고 살 것이나 평생 동서 밑에 살아야 할 신세를 생각하고 달아난 것이라 한다.

그런데 요 며칠 전이었다. 밤인데 달포 만에 수건이가 우리 집을 찾아왔다. 웬 포도를 큰 것으로 대여섯 송이를 종이에 싸지도 않고 맨 손에 들고 들어왔다. 그는 벙긋거리며,

"선생님 잡수라고 사 왔습죠."

하는 때였다. 웬 사람 하나가 날쌔게 그의 뒤를 따라 들어오더니 다짜고짜로 수건이의 멱살을 움켜쥐고 끌고 나갔다. 수건이는 그 우둔한 얼굴이 새하얗게 질리며 꼼짝 못하고 끌려나갔다.

나는 수건이가 포도원에서 포도를 훔쳐 온 것을 직각하였다. 쫓아 나가 매를 말리고 포돗값을 물어 주었다. 포돗값을 물어 주고 보니 수건이는 어느 틈에 사라지고 보이지 않았다.

나는 그 다섯 송이의 포도를 탁자 위에 얹어 놓고 오래 바라보며 아껴 먹었다. 그의 은근한 순정의 열매를 먹듯 한 알을 가지고도 오래 입 안에 굴려 보며 먹었다.

어제다. 문안에 들어갔다 늦어서 나오는데 불빛 없는 성북동 길 위에

는 밝은 달빛이 깁(거칠게 짠, 무늬 없는 비단)을 깐 듯하였다.

그런데 포도원께를 올라오노라니까 누가 맑지도 못한 목청으로,

"사……케……와 나……미다카 다메이……키 ……카……."

를 부르며 큰길이 좁다는 듯이 휘적거리며 내려왔다. 보니까 수건이 같았다. 나는,

"수건인가?"

하고 아는 체하려다가 그가 나를 보면 무안해할 일이 있는 것을 생각하고 휙 길 아래로 내려서 나무 그늘에 몸을 감추었다.

그는 길은 보지도 않고 달만 쳐다보며, 노래는 그 이상은 외우지도 못하는 듯 첫 줄 한 줄만 되풀이하면서 전에는 본 적이 없었는데 담배를 다 퍽퍽 빨면서 지나갔다.

달밤은 그에게도 유감한 듯하였다.

패 강 랭

지식인의 겨울

다락에는 제일 강산이라, 부벽루라, 빛 낡은 편액들이 걸려 있을 뿐, 새 한 마리 앉아 있지 않았다. 고요한 그 속을 들어서기가 그림이나 찢는 것 같아 현은 축대 아래로만 어정거리며 다락을 우러러본다.

질퍽하게 굵은 기둥들, 힘 내닫는 대로 밀어던진 첨차(처마의 가장자리를 막은 곳)와 춧가지의 깎음새들, 이조의 문물다운 우직한 순정이 군데군데서 구수하게 풍겨 나온다.

다락에 비겨 대동강(패강)은 너무나 차다. 물이 아니라 유리 같은 것이 부벽루에서도 한 뼘처럼 들여다보인다. 푸르기는 하면서도 마름(수초)의 포기 포기 흐늘거리는 것, 조약돌 사이 사이가 미꾸라도 한 마리 엎디었기만 하면 숨쉬는 것까지 보일 듯싶다. 물은 흐르나 소리도 없다. 수도국 다리를 빠져, 청류벽을 돌아서는 비단필이 활짝 펼쳐진 듯 질펀하게 깔려 나갔는데 하늘과 물은 함께 저녁놀에 물들어 아득한 장미꽃밭으로 사라져 버렸다. 연광정 앞으로부터 까뭇까뭇 널려 있는 마상이(통나무로 만든 작은 배)와 수상선들, 하나도 움직여 보이지 않는다. 끝없는 대봉벌에 점점이 놓인 구릉들과 함께 자못 유구한 맛이 난다.

현은 피우던 담배를 내어던지고 저고리 단추를 여미었다. 단풍은 이제부터 익기 시작하나 날씨는 어느덧 손이 시리다.

'조선 자연은 왜 이다지 슬퍼 보일까?'

현은 부여에 가서 낙화암이며 백마강의 호젓함을 바라보던 생각이 난다.

현은 평양이 십여 년 만이다. 소설에서 평양 장면을 쓰게 될 때마다 이번에는 좀 새로 가 보고 써야, 스케치를 해 와야 하고 벼르기만 했지, 한 번도 그래서 와 보지는 못하였다. 소설을 위해서뿐 아니라 친구들도 가끔 놀러 오라는 편지가 있었다. 학창 때 사귄 벗들로, 이 곳 부회 의원이요 실업가인 김도 있고, 어느 고등보통학교에서 조선어와 한문을 가르치는 박도 있건만, 그들의 편지에 한 번도 용기를 내어 본 적은 없었다. 이번에 받은 박의 편지는 놀러 오라는 말이 있던 편지보다 오히려 현의 마음을 끌었다.——내 시간이 반이 없어진 것은 자네도 짐작할 걸세. 편안하긴 허이. 그러나 전임으론 나가 주고 시간으로나 다녀 주기를 바라는 눈칠세. 나머지 시간이라야 그리 오래 지탱돼 나갈 학과 같지는 않네. 그것마저 없어지는 날 나도 그 때 아주 손을 씻어 버리려 아직은 지싯지싯 붙어 있네.——하는 사연을 읽고는 갑자기 박을 가 만나 주고 싶었다. 만나야만 할 말이 있는 것은 아니지만 손이라도 한번 잡아 주고 싶어 전보만 한 장 치고 훌쩍 떠나 내려온 것이다.

정거장에 나온 박은 수염도 깎은 지 오래어 터부룩한데다 버릇처럼 자주 찡그려지는 비웃는 웃음은 전에 못 보던 표정이었다. 그 다니는 학교에서만 지싯지싯 붙어 있는 것이 아니라 이 시대 전체에서 긴치 않게 여기는, 지싯지싯 붙어 있는 존재 같았다. 현은 박의 그런 지싯지싯 함에서 선뜻 자기를 느끼고 또 자기의 작품들을 느끼고 그만 더 울고 싶게 괴로워졌다.

한참이나 붙들고 섰던 손목을 놓고, 그들은 우선 대합실로 들어왔다.

할 말은 많은 듯하면서도 지껄여 보고 싶은 말은 골라낼 수가 없었다.
이내 다시 일어나 현은,

"나 좀 혼자 걸어 보구 싶네."

하였다. 그래서 박은 저녁에 김을 만나 가지고 대동강가에 있는 동일관
이란 요정으로 나오기로 하고 현만이 모란봉으로 온 것이다.

오면서 자동차에서 시가도 가끔 내다보았다. 전에 본 기억이 없는 새
빌딩들이 꽤 많이 늘어섰다. 그 중에 한 가지 인상이 깊은 것은 어느 큰
거리 한뿌다귀에 벽돌 공장도 아닐 테요 감옥도 아닐 터인데 시뻘건 벽
돌만으로, 무슨 큰 분묘와 같이 된 건축이 웅크리고 있는 것이다. 현은
운전수에게 물어보니, 경찰서라고 했다.

또 한 가지 이상하다 생각한 것은 그림자도 찾을 수 없는, 여자들의
머릿수건이다. 운전수에게 물으니 그는 없어진 이유는 말하지 않고,

"거, 잘 없어졌죠. 이젠 평양두 서울과 별루 지지 않습니다."
하는, 매우 자긍하는 말투였다.

현은 평양 여자들의 머릿수건이 보기 좋았다. 단순하면서도 흰 호접과 같이 살아 보였고, 장미처럼 자연스런 무게로 한 송이 얹힌 댕기는 그들의 악센트 명랑한 사투리와 함께 '피양내인'들만이 가질 수 있는 독특한 아름다움이었다. 그런 아름다움을 그 고장에 와서도 구경하지 못하는 것은, 평양은 또 한 가지 의미에서 폐허라는 서글픔을 주는 것이었다.

현은 을밀대로 올라갈까 하다, 비행장을 경계함인 듯 총에 창을 꽂아든 병정이 섰는 것을 발견하고는 그냥 강가로 내려오고 말았다. 마침 놀잇배 하나가 빈 채로 내려오는 것을 불렀다. 주암산까지 올라갔다가 내려오자니까 거기는 비행장이 가까워 못 올라가게 한다고 한다. 그럼 노를 젓지는 말고 흐르는 대로 동일관까지 가기로 하고 배를 탔다.

나뭇잎처럼 물 가는 대로만 떠가는 배는 낙조가 다 꺼져 버리고 강물이 어두워서야 동일관에 닿았다.

이 요릿집은 강물에 내민 바위를 의지하고 지어졌다. 뒷문에 배를 대고 풍악 소리 높은 밤 정자에 오르는 맛은 비록 마음 어두운 현으로도 저윽 흥취도연해짐을 아니 느낄 수 없다.

'먹을 줄 모르는 술이나 이번엔 사양치 말고 받아 먹자! 박을 위로해 주자!' 생각했다.

박은 김을 데리고 와 벌써 두 기생으로 더불어 자리를 잡고 있었다. 김의 면도 자리 푸른 살진 볼과 기생들의 가벼운 옷자락을 보니 현은 기분이 다시 한 번 개인다.

"이 사람 자네두 김 군처럼 면도나 좀 하구 올 게지?"

"히, 저런 색시들 반허게!"

하고 박은 씩 웃는다.

"그래 요즘 어떤가? 우리 김 부회 의원 나리?"

"이 사람 오래간만에 만나 히야카시(놀리기)부턴가?"

"자넨 참 늙지 않네그려! 우리 서울서 재작년에 만났던가?"

"그렇지 아마…… 내 그 때 도시 시찰로 내지(일본) 다녀오던 길이니까……."

"참 자넨 서평양인지 동평양인지서 땅 노름에 돈 좀 잡았다며그려?"

"흥, 이 사람! 선비가 돈 말이 하관고?"

"별수 있나? 먹어야 배부르지."

"먹게. 오늘 저녁엔 자네가 못 먹나 내가 못 먹이나 한번 해 보세."

"난 옆에서 경평 대항전 구경이나 할까?"

"저희들은 응원하구요."

기생들도 박과 함께 말참여를 시작한다.

"시굴 기생들 우숩지?"

"우숩다니? 기생엔 여기가 서울 아닌가. 금수강산 정기들이 다르네!"

기생들은 하나는 방긋 웃고, 하나는 새침한다. 방긋 웃는 기생을 보니, 현은 문득 생각나는 기생이 하나 있다.

"여보게들?"

"그래."

"벌써 열뒤 해 됐네그려. 그 때 나 왔을 때 저 능라도에 가 어죽 쒀 먹던 생각 안 나?"

"벌써 그렇게 됐나, 참."

"그 때 그 기생이 이름이 뭐드라? 자네들 생각 안 나나?"

"오, 그렇지!"

비스듬히 벽에 기대었던 김이 놀라 일어나더니

"이거 정작 부를 기생은 안 불렀네그려!"

하고 손뼉을 친다.

"아니, 그 기생이 여태 있나?"

"살았지 그럼."

"기생 노릇을 여태 해?"

"암——."

"오—라!"

하고, 박도 그제야 생각나는 듯이 무릎을 친다.

그 때도 현이 서울서 내려와서 이 세 사람이 능라도에 어죽놀이를 차렸다. 한 기생이 특히 현을 따라, 그 때만 해도 문학 청년 기분이던 현은 영월의 손수건에 시를 써 주고 둘이만 부벽루를 배경으로 하고 사진을 다 찍고 하였었다.

"아니, 지금 나이 몇 살일 텐데, 아직 기생 노릇을 해? 난 생각은 나두 이름은 잊었네."

"그러게 이번엔 자네가 제발 좀 데리구 올라가게."

"누군데요?"

하고 기생들이 묻는다.

"참, 이름이 뭐드라?"

박도

"이름은 나도 생각 안 나는걸……."

하는데 보이가 온다.

"기생, 제일 오랜 기생, 제일 나이 많은 기생이 누구냐?"

보이는 멀뚱히 생각하더니 댄다.

"관옥인가요? 영월인가요?"

"오! 영월이다. 영월이 곧 불러라."

현은 적이 으쓱해진다. 상이 들어왔다. 술잔이 돌아간다.

"그간 술 좀 뱃나?"

박이 현에게 잔을 보내며 묻는다.

"웬걸…… 술이야 고학할 수 있던가 어디……."

"망할 자식, 가긍허구나! 허긴 너희 따위들이 밤낮 글 써야 무슨 덕분에 술 차례가 가겠니! 오늘 내 신세지……."

"아닌게아니라……."

하고 김이 또 현에게 잔을 내밀더니,

"현 군도 인젠 방향 전환을 허게."

한다.

"방향 전환이라니?"

"거 누구? 뭐래던가 동경 가 글 쓰는 사람 있지?"

"있지."

"그 사람 선견이 있는 사람야!"

하고 김은 감탄한다.

"이 자식아! 잔이나 받아라. 듣기 싫다."

하고 현은 김의 잔을 부리나케 마시고 돌려보낸다.

박이 다 눈두덩을 내리쓸도록 모두 얼근해진 뒤에야 영월이가 들어섰다. 흰 저고리, 옥색 치마, 머리도 가리마만 약간 옆으로 탔을 뿐, 시체(세상에 흔한) 기생들처럼 물들이거나 지지거나 하지 않았다. 미닫이 밑에 사뿐히 앉더니 좌석을 휙 둘러본다. 김과 박은 어쩌나 보느라고 아무 말도 않고 영월과 현의 태도만 번갈아 살핀다. 영월의 눈은 현에게서 무심히 스쳐 지나 박을 넘어뛰어 김에게 머무르더니,

"영감 오래간만이외다그려."

하고 씽긋 웃는다.

"허! 자네 눈두 인전 무뎃네그려! 자넬 반가워할 사람은 내가 안야."

"기생이 정말 속으로 반가운 손님헌텐 인살 안한답니다."

하고 슬쩍 다시 박을 거쳐 현에게 눈을 옮긴다.

"과연 명기로군! 척척 받음수가……."

하고 김이 먼저 잔을 드니 영월은 선뜻 상머리에 나앉으며 술병을 든다.

웃은 지 오래나 눈 속은 그저 웃는 것이 옛 모습일 뿐, 눈시울에 거무스름하게 그림자가 깃들인 것이나 볼이 홀쭉 꺼진 것이나 입술이 까시시 메마른 것은 너무나 세월이 자국을 깊이 남기고 지나갔다.

"자네 나 모르겠나?"

현이 담배를 끄며 묻는다.

"어서 잔이나 드시라우요."

잔을 드는 현과 눈이 마주치자 영월은 술이 넘는 것도 모르고 얼굴을 붉힌다.

"자네도 세상살이가 고단한걸세그려?"

"피차 일반인가 봅니다. 언제 오셌나요?"

하고 현이 마시고 주는 잔에 가득히 붓는 대로 영월도 사양하지 않고 받아 마신다.

"전엔 하얀 나비 같은 수건을 썼더니……."

"참, 수건이 도루 쓰고퍼요."

"또 평양말을 더 또렷또렷하게 잘했었는데……."

"손님들이 요샌 서울말을 해야 좋아한답니다."

"그깟놈들…… 그런데 박 군? 어째 평양 와 수건 쓴 걸 볼 수 없나?"

"건 이 김 부회 의원 영감께 여쭤볼 문젤세. 이런 경세가들이 금령을 내렸다네."

"그렇다드군 참!"

"누가 아나, 빌어먹을 자식들……."

"이 자식들아, 너희야말루 빌어먹을 자식들인 게…… 그까짓 수건 쓴 게 보기 좋을 건 뭐며, 이 평양부 내만 해두 1년에 그 수건값허구 당기(댕기)값이 얼만지 알기나 허나들?"

하고 김이 당당히 허리를 펴고 나앉는다.

"백만 원이면? 문화 가치를 모르는 자식들……."

"그러니까 너희 글 쓰는 녀석들은 세상 모르구 산단 말이야."

"주제넘은 자식…… 조선 여자들이 뭘 남용을 해? 에펜네들 모양 좀 내기루? 에펜넨 좀 고와야지."

"돈이 드는 걸……."

"흥! 그래 집안에서 죽두룩 일해, 새끼 낳아 길러, 사내 뒤치개질해……. 그리구 1년에 당기 한 감 사매는 게 과하다? 아서라, 사내들 술값·담뱃값은 얼만지 아나? 생활 개선, 그래 에펜네들 수건값이나 당기값이나 졸여 먹구. 요 푼푼치 못한 경세가들아! 저흰 남용할 것 다 허구……."

"망할 자식, 말버릇 좀 고쳐라…… 이 자식아, 술이란 실사회선 얼마나 필요한 건지 아니?"

"안다, 술만 필요허야? 고유한 문환 필요치 않구? 돼지 같은 자식들…… 너희가 진줄 알 수 있니…… 허……."

"히토오 바가니 스루나 고노야로(사람을 업신여기지 마라, 이 자식아)……."

"너희 따윈 좀 바가니시테모 이이나(업신여겨도 돼) ……."

"나니(뭐라고)?"

"나닌(뭐가) 다 뭐 말라빠진 거냐? 네 술 좀 먹기루, 이 자식 내 혈말 못헐 놈 아니다. 허긴 너한테나 분풀이다만……."

하고 현은 트림을 한다.

"이 사람들 고걸 먹구 벌써 취했네그려."

박이 이쑤시개를 놓고 다시 잔을 현에게 내민다. 김은 잠자코 안주를 집는 체한다.

오래 해먹어서 손님들 기분에 눈치 빠른 영월은 보이를 부르더니 장구를 가져오게 하였다. 척 장구채를 뽑아 잡고 저쪽 손으로 먼저 장구 전두리를 풍땅 울려 보더니

"어—따 조오쿠나. 이십—오—현 탄—야월……."

하고 불러내기 시작한다. 현은 물끄러미 영월의 핏줄 일어선 목을 건너 다보며 조끼 단추를 끌렀다. 부들부들 떨리는 손으로 상머리를 뚜드려

본다. 그러나 자기에겐 가락이 생기지 않는다.

"에—헹—에—헤이야—하, 어—라 우겨—라, 방아로구나……."
하고 받는 사람은 김뿐이다. 현은 더욱 가슴속에서만 끓는다. 이런 땐
소리라도 한 마디 불러내었으면 얼마나 속이 시원하랴 싶어진다. 기생
들도 다른 기생들은 잠잠히 앉아 영월의 입만 쳐다본다. 소리가 끝나자
박은,

"수고했네."
하고, 영월에게 술 한 잔을 권하더니 가사를 하나 부르라 청한다. 영월
은 사양치 않고 밀어 놓았던 장구를 다시 당기어 안더니,

"일조—오—나앙군……."
불러낸다. 박은 입을 씻고 하더니 곡조는 서투르나 그래도 꽤 어울리게
이런 시 한 구를 읊어서 소리를 받는다.

"각하——안——산——진 수궁처……. 임——정——가고옥——역
난 위를……."

박은 눈물이 글썽해 후 하고 한숨으로 끝을 맺는다.

자리는 다시 찬비가 지나간 듯 호젓해진다. 김은 보이를 부르더니 유
성기를 가져오라 했다. 재즈를 틀어 놓더니 그제야 다른 두 기생은 저
희 세상인 듯 번차(번갈아가며) 김과 마주 잡고 댄스를 추는 것이다.

"영월이?"

영월은 잠자코 현의 곁으로 온다.

"난 자넬 또 만날 줄은 몰랐네. 반갑네."

"저 같은 걸 누가 데려가야죠?"

"눈이 너머 높은 게지?"

"네?"

유성기 소리에 잘 들리지 않는다.

"눈이 너머 높은 게야?"

"천만에…… 그간 많이 상허섰세요."

"응?"

"많이 상허섰세요."

"나?"

"네."

"자네가 그리워서……."

"말씀만이라두……."

"허!"

댄스가 한 곡조 끝났다. 김은 자리에 앉으며 현더러,

"기미모 오도레(자네도 춤추지)."

한다.

"난 출 줄도 모르네. 기생을 불러 놓고 딴쓰나 하는 친구들은 내 일찍부터 경멸하는 발세."

"자네처럼 마게오시미 쓰요이한(매우 지기 싫어하는) 사람두 없을 걸세. 못 추면서도 그냥 춘대지……."

"흥! 지기 싫어서가 아닐세. 끌어안구 궁댕잇짓이나 허구. 유행가 나부랭이나 비명을 허구, 그게 기생들이며, 그게 놀 줄 아는 사람들인가? 아마 우리 영월인 딴쓸 못할 걸세. 못하는 게 아니라 안할걸?"

"아이! 영월 언니가 딴쓸 어떻게 잘하게요."

하고 다른 기생이 핼긋 쳐다보며 가로챈다.

"자네두 그래 딴쓸 허나?"

"잘 못한답니다."

"글쎄, 잘허구 못허구 간에?"

"어쩝니까? 이런 손님 저런 손님 다 비월 마추자니까요."

"건 왜?"

"돈을 벌어야죠."

"건 그리 벌기만 해 뭘 허누?"

"기생일수룩 제 돈이 있어야겠습니다."

"어째?"

"생각해 보시구려."

"모르겠는데? 돈 많은 사내헌테 가면 되지 않나?"

"돈 많은 사내가 변심 않구 나 하나만 다리구 사나요?"

"그럴까?"

"본처나 되면 아무리 남편이 오입을 해두 늙으면 돌아오겠지 하구 자식 낙이나 보면서 살지 않아요? 기생야 그 사람 하나만 바라고 갔는데 남자가 안 들어와 봐요, 뭘 바라고 삽니까? 그리게 살림 들어갔다 오래 사는 기생이 몇 됩니까? 우리 기생은 제가 돈을 뫄서 돈 없는 사낼 얻는 게 제일이랍니다."

"야! 언즉시야(말인즉 사리에 맞다)라, 거 반가운 소리구나!"

하고 박이 나앉는다. 그리고,

"난 한 푼 없는 놈이다. 직업두 인젠 벤벤치 못하다. 내 예펜네라야 늙어서 바가지두 긁지 않을 거구. 자네 돈 뫘으면 나하구 살세?"

하고 영월의 손을 끌어당긴다.

"이 사람, 영월인 현군 걸세."

"참, 돈 가진 기생이나 얻는 수밖에 없네, 인젠……."

하고 현두 웃었다.

"아닌 게 아니라 자네들 이제부터 실속 차려야 하네."

하고 김은 힐긋 현의 눈치를 본다.

"더러운 자식!"

"흥, 너희가 아무리 꼬장꼬장한 체해야……."

"뭐, 이 자식……."

하더니 현은 술을 깨려고 마시던 사이다 컵을 김에게 사이다째 던져 버린다. 깨어지고 튀고 하는 것은 유리컵만이 아니다. 기생들이 그리로 쏠린다. 보이들도 들어온다.

"이 자식? 되나 안 되나 우린 우린…… 이래봬두 우리……."

하고 현의 두리두리해진 눈엔 눈물이 핑 어리고 만다.

"이런 데서 뭘…… 이 사람 취했네그려. 나가 바람 좀 쐬세."

하고 박이 부산한 자리에서 현을 이끌어 낸다. 현은 담배를 하나 집으며 복도로 나왔다.

"이 사람아, 김 군 말쯤 고지식하게 탄할 게 뭔가?"

"후……."

"그까짓 무슨 소용이야……."

"내가 취했나보이…… 내가…… 김 군이 미워 그리나……? 자넨 들어가 보게……."

현은 한참 난간에 의지해 섰다가 슬리퍼를 신은 채 강가로 내려왔다. 강에는 배 하나 지나가지 않는다. 바람은 없으나 등골이 오싹해진다. 강가에 흩어진 나뭇잎들은 서릿발이 끼어 은종이처럼 번뜩인다. 번뜩이는 것을 찾아 하나씩 밟아 본다.

"이상견빙지……."

《주역》에 있는 말이 생각났다. 서리를 밟거든 그 뒤에 얼음이 올 것을 각오하란 말이다. 현은 술이 홱 깬다. 저고리섶을 여미나 찬 기운은 품속에 사무친다. 담배를 피우려 하나 성냥이 없다.

'이상견빙지…… 이상견빙지……."

밤 강물은 시체와 같이 차고 고요하다.

까 마 귀

"호——."

새로 사 온 것이라 등피에서는 아직 석유내도 나지 않는다. 닦을 것
도 별로 없지만 전에 하던 버릇으로 그렇게 입김부터 불어 가지고 어스
레해진 하늘에 비춰 보았다. 등피는 과민하게도 대뜸 뽀—얗게 흐려지
고 만다.

"날이 꽤 차졌군……."

그는 등피를 닦으면서 아직 눈에 익지 않은 정원을 둘러보았다. 이끼
앉은 돌층계 밑에는 발이 묻히게 낙엽이 쌓여 있고 상나무, 전나무 같
은 상록수를 빼어놓고는 단풍나무까지 이미 반나마 이울어 어떤 나무는
잎이라고 하나도 없이 설—명하게 서 있다. '무장해제를 당한 포로들처
럼' 하는 생각을 하면서 그런 쓸쓸한 나무들이 이 구석 저 구석에 묵묵
히 섰는 것을 그는 등피를 다 닦고도 다시 한참이나 바라보다가야 자기
방으로 정한 바깥채 작은사랑으로 올라갔다.

여기는 그의 어느 친구네 별장이다. 늘 괴벽한 문체를 고집하여 독자
를 널리 갖지 못하는 그는 한 달에 이십 원 남짓 하면 독방을 차지할 수
있는 학생층의 하숙 생활조차 뜻대로 되지 않았다. 궁여의 일책으로 이
렇게 임시로나마 겨우내 그냥 비워 두는 친구네 별장 방 하나를 빌린
것이다. 내년 칠월까지는 어느 방이든지 마음대로 쓰라고 해서 정자지

기가 방마다 문을 열어 보이는 대로 구경하였으나, 모두 여름에나 좋은 북향들이라 너무 음습하고 너무 넓고 문들이 많아서 결국은 바깥채로 나와, 상노들이나 자는 방이라는 작은사랑을 치우게 한 것이다.

상노들이나 자는 방이라 하나 별장 전체를 그리 손색 있게 하는 방은 아니었다. 동향이어서 여름에는 늦잠을 자지 못할 것이 흠일까, 겨울에는 어느 방보다 밝고 따뜻할 수 있고 미닫이와 들창도 다갑창까지 들인 데다 벽장문과 두껍닫이에는 유명한 화가인지 아닌지는 몰라도 낙관이 있는 사군자며 기명절지가 붙어 있다. 밖으로도 문 위에는 추성각이라 추사체의 현판이 걸려 있고 양쪽 처마끝에는 파—랗게 녹슨 풍경이 창연히 달려 있다. 또 미닫이를 열면 눈 아래 깔리는 경치도 큰사랑만 못한 것 같지 않으니, 산기슭에 나붓이 섰는 수각과 그 밑으로 마른 연잎과 단풍이 잠긴 연당이며 그리고 그 연당 언덕으로 올라오면서 무룡석으로 석가산을 모으고 잔디밭 새에 길을 돌린 것은 이 방에서 내려다보기가 기중일 듯싶었다. 그런데다 눈을 번뜻 들면 동편 하늘이 바다처럼 트이고 그 한편으로 훤칠한 늙은 전나무 한 채가 절벽같이 가려 섰는 것이다. 사슴의 뿔처럼 삭정이가 된 상가지에는 희끗희끗 새똥까지 묻어서 고요히 바라보면 한눈에 태고가 깃들이는 듯한 그윽한 경치이다.

오래간만에 켜 보는 남폿불이다. 펄럭—하고 성냥불이 심지에 옮기더니 좁은 등피 속은 자옥하게 연기와 김이 서리었다가 차츰차츰 밝아지는 것이었다. 그렇게 차츰차츰 밝아지는 남폿불에 삥—둘러앉았던 옛날 집안 사람들의 얼굴이 생각나게, 그렇게 남폿불은 추억 많은 불이다.

그는 누워 너무나 고요함에 귀를 빼앗기면서 옛사람들의 얼굴을 그려 보다가 너무나 가까운 데서 까악—까악—하는 까마귀 소리에 얼른 일어나 문을 열었다. 바깥은 아직 아주 어둡지 않았다. 또 까악—까악—하는 소리에 쳐다보니, 지나가면서 우는 소리가 아니라 바로 그 전나무 삭정가지에 시커먼 세 마리가 웅크리고 앉아 그러는 것이었다.

"까마귀!"

까치나 비둘기를 본 것만은 못하였다. 그러나 자연이 준 그의 검음과 그의 탁한 음성을 까닭없이 저주할 필요는 느끼지 않았다. 마침 정자지기가 올라와서,

"아, 진지는 어떡하십니까?"

하는 말에, 우유하고 빵이나 먹고 밥 생각이 나면 문안 들어가 사 먹는다고, 그래도 자기는 괜찮다고 어름어름하고 말막음으로,

"웬 까마귀들이……?"

하고 물었다.

"네, 이 동네 많습니다. 저 나무엔 늘 와 사는 걸입쇼."

"그래요? 그럼 내 친구가 되겠군……."

하고 그는 웃었다.

"요 아래 돼지 기르는 데가 있습죠니까. 거기 밥찍게 같은 게 흔하니까 그래 까마귀가 떠나질 않습니다."

하면서 정자지기는 한 걸음 나서 팔매 치는 형용을 하니 까마귀들은 주춤하고 날 듯한 자세를 가지다가 아래를 보더니 앉아서 이번에는 '까르르……' 하고 GA 아래 R가 한없이 붙은 발음을 하는 것이었다.

정자지기가 내려간 후, 그는 다시 호젓하니 문을 닫고 아까와 같이 아무렇게나 다리를 뻗고 누워 버렸다.

배가 고팠다. 그는 또 그 어느 학자의 수면 습관설이 생각났다. 사람이 밤새도록 그 여러 시간을 자는 것은 불을 발명하기 전에 할 일이 없어 자기만 한 것이 습관으로 전해진 것뿐이요, 꼭 그렇게 열 시간을 자야만 될 리는 없다는 것이다. 그는 이 수면 습관설에 관련하여 식욕이란 것도 그런 것으로 믿어 보고 싶었다. 사람은 하루 꼭꼭 세 번씩 으레 먹

어야 될 것처럼 충실히 먹는 것이나 이것도 그렇게 많이 먹어야만 되게 되어서가 아니라, 애초에는 수효 적은 사람들이 넓은 자연 속에서 먹을 것이 쉽사리 손에 들어오니까 먹기만 하던 것이 습관으로 전해진 것뿐이요, 꼭 그렇게 세 끼씩이나 계획적으로 먹어야만 될 리는 없을 것 같았다. 그런데 사람이 잠을 자기 위해서는 그처럼 큰 부담이 있는 것은 아니나 먹기 위해서는, 하루 세 번씩 먹는 그 습관을 지키기 위해서는 얼마나 큰, 얼마나 무거운 부담이 있는 것인가. 그러기에 살려고 먹는 것이 아니라 먹으려고 산다는 말까지 생긴 것이 아닌가 생각되었다.

'먹으려구 산다! 평생을 먹으려구만 눈이 뻘게 허둥거리다 죽어? 그건 실로 인간의 모욕이다.'

그는 쓴웃음을 지으며 지금 자기의 속이 쓰려 올라오는 것과 입속이 빡빡해지며 눈에는 자꾸 기름진 식탁이 나타나는 것을 한낱 무가치한 습관의 발작으로만 돌려 버리려 노력해 보는 것이다.

'어디선가 르나르는, 예술가는 빵 한 근보다 꽃 한 송이를 꺾는다고, 그러나 배가 고프면? 하고 제가 묻고, 그러면 그는 괴로워하고 훔치고 혹은 사람을 죽일지도 모른다. 그렇더라도 글쓰기를 버리지는 않을 게라고 했다. 난 배가 고파할 줄 아는 얄미운 습관부터 아예 망각시켜 보리라. 잉크는 새 것이 한 병 새벽 우물처럼 충충히 담겨 있것다, 원고지도 두툼한 게 여남은 축 쌓여 있것다!'

그는 우선 그 문 앞으로 살랑살랑 지나다니면서 '쌀값은 오르기만 허구…… 석탄두 들여야겠는데…….'를 입버릇처럼 하던 주인 마누라의 목소리를 십 리나 떨어져서 은은한 풍경 소리와 짙은 어둠에 함빡 싸인, 이 산장 호젓한 방에서 옛 애인을 만난 듯한 다정스러운 남폿불을 돋우고 글만을 생각하는 데 취할 수 있는 것이 갑자기 몸이 비단에 싸이는 듯, 살이 찔 듯한 행복이었다.

저녁마다 그는 남포에 새 석유를 붓고 등피를 닦고 그리고 까마귀 소리를 들으면서 어둠을 기다리었다. 방 구석구석에서 밤의 신비가 소곤거려 나올 때 살며시 무릎을 꿇고 귀한 손님의 의관처럼 공손히 남포 갓을 들어 올리고 불을 켜는 것이며, 펄럭거리던 불방울이 가만히 자리하며 잡는 것을 보고야 아랫목으로 물러나 그제는 눕든지 앉든지 마음대로 혼자 밤이 깊도록 무얼 읽고 무얼 생각하고 무얼 쓰고 하는 것이다. 그래서 아침이면 늘 늦도록 자곤 하였다. 어떤 날은 큰사랑 뒤에 있는 우물에 올라가 세수를 하고 나면 산 너머로 오정 소리가 울려 오기도 했다. 그러다가 이 날은 무슨 무서운 꿈을 꾸고 그 서슬에 소스라쳐 깨어 보니 밤은 벌써 아니었다. 미닫이에는 전나무 가지가 꿩의 장북처럼 비끼었고, 쨍쨍한 햇볕은 쏴――소리가 날 듯 쬐어 있었다. 어수선한 꿈자리를 떨쳐 버리는 홀가분한 기분과 여기 나와서는 처음 일찍 깨어 보는 호기심에서 그는 머리를 흔들고 미닫이부터 쫙 밀어 놓았다. 문턱을 넘어드는 바깥 공기는 체온에 부딪치는 것이 찬물 같았다. 여윈 손으로 눈을 비비며 얼마나 아름다운 아침일까를 내어다보았다. 해는 역광선이어서 부신 눈으로 수각(물가나 물 위에 지은 정자)을 더듬고 연당(연꽃을 구경하기 위해 연못가에 지어 놓은 정자)을 더듬고 잔디밭 길을 더듬다가 그 실뱀 같은 잔디밭 길에서다. 그는 문득 어떤 여자의 그림자 하나를 발견한 것이다.

　여태 꿈인가 해서 다시금 눈부터 비비었다. 확실히 여자요, 또 확실히 고요히 섰으되 산 사람이었다. 그는 너무 넓게 열렸던 문을 당황히 닫아 버리고 다시 조그만 틈으로 내어다보았다.

　여자는 잊어버린 듯 오래도록 햇볕만 쏘이고 서 있다가 어디선지 산새 한 마리가 날아와 가까운 나뭇가지에 앉는 것을 보더니 그제야 사뿐 발을 떼어 놓았다. 머리는 틀어 올리었고 저고리는 노르스름한 명줏빛

인데 고동색 스웨터를, 아이 업듯 두 소매는 앞으로 늘어뜨리고 등에만 걸치었을 뿐, 꽤 날씬한 허리 아래엔 옥색 치맛자락이 부드러운 물결처럼 가벼운 주름살을 일으켰다. 빨간 단풍잎 하나를 들었을 뿐, 고요한 아침 산보인 듯하다.

'누굴까?'

그는 장정 고운 신간서에처럼 호기심이 일어났다. 가까이 축대 아래로 지나가는 것을 보니 새 양봉투 같은 깨끗한 이마에 눈결은 뉘어 쓴 영어 글씨같이 차근하다. 꼭 다문 입술, 그리고 뾰로통한 콧봉오리에는 여간치 않은 프라이드가 느껴지는 얼굴이었다.

'웬 여잔데?'

이튿날 아침에도 비교적 이르게 잠이 깨었다. 살며시 연당 쪽을 내어다보니 연당 앞에도 잔디밭길에도 아무도 사람이라고는 보이지 않았다. 왜 그런지 붙들었던 새를 날려 보낸 듯 그는 서운하였다.

이날 오후이다. 그는 낙엽을 긁어다가 불을 때고 있었다. 누군지 축대 아래에서 인기척이 났다. 머리를 쓸어 넘기며 내려다보니 어제 아침의 그 여자다. 어제 그 옷, 그 모양, 그 고요함으로 약간 발그레해진 얼굴을 쳐들고 사뭇 아는 사람을 보듯 얼굴을 돌리려 하지 않고 걸음을 멈추고 섰는 것이다. 이쪽은 당황하여 다시 머리를 쓸어 넘기며 일어섰다.

"×선생님 아니세요?

여자가 거의 자신을 가지고 먼저 묻는다.

"네, ×××입니다."

"……."

여자는 먼저 물어 놓고 더 말이 없이 귀밑까지 발그레해지는 얼굴을 폭 수그렸다. 한참이나 아궁에서 낙엽 타는 소리뿐이었다.

"절 아십니까?"

"……."

여자는 다시 얼굴을 들 뿐 말은 없다가 수줍은 웃음을 머금고 옆에 있는 돌층계를 히뜩히뜩 올라왔다. 이쪽에서는 낙엽 한 무더기를 또 아궁에 쓸어 넣고 손을 털었다.

"문간에 명함 붙이신 걸루 알었어요."

"네……."

"저두 선생님 독자예요. 꽤 충실한……."

"그러십니까? 부끄럽습니다."

그는 손을 비비며 여자의 눈을 보았다. 잦아든 가을 호수와 같이 약간 꺼진 듯한 피곤한 눈이면서도 겨울 별 같은 찬 광채가 일어났다.

"손수 불을 때시나요?"

"네."

"전 이 집 정원을 저이 집처럼 날마다 산보 와요, 아침이문……."

"네! 퍽 넓구 좋은 정원입니다."

"참 좋아요…… 어서 때세요."

"네, 이 동네 계십니까?"

"요 개울 건너예요."

이 날은 더 이야기가 나올 새 없이 부끄러움도 미처 걷지 못하고 여자는 돌아가고 말았다.

그는 한참 뒤에 바깥 한길로 나와 개울 건너를 살펴보았다. 거기는 기와집, 초가집 여러 집이 언덕에 층층으로 놓여 있었다. 어느 것이 그 여자가 들어간 집인지 짐작조차 할 수 없었다.

이날 저녁에 정자지기를 만나 물었더니,

"그 여자 병인이올시다."

하였다. 보기에 그리 병색은 아니더라 하니,

"뭐 폐병이라나요, 약 먹느라구 여기 나왔는데 숨이 차 산엔 못 댕기
구 우리 정자루만 밤낮 오죠."

하였다.

폐병! 그는 온전한 남의 일 같지 않게 마음이 쓰였다. 그렇게 예모 있
고 상냥스러운 대화를 지껄일 수 있는 아름다운 입술이 악마 같은 병균
을 발산하리라는 사실은 상상만 하기에도 우울하였다.

그러나 그 다음 날부터는 정원에서 그 여자를 만나 인사할 수 있는
것이 즐거웠고, 될 수만 있으면 그를 위로해 주고 그와 더불어 자기의
빈한한 예술을 이야기하고 싶었다. 그래서 그 여자가 자기의 방문 앞으
로 왔을 때는 몇 번이나,

"바람이 찹니다."

하여 보았다. 그러나 번번이,

"여기가 좋아요."

하고 여자는 툇마루에 걸터앉았고 손수건으로 자주 입과 코를 막기를
잊지 않았다. 하루는,

"글쎄 괜찮으니 좀 들어오십시오."

하고 괜찮다는 말에 힘을 주었더니 여자는 약간 상기가 되면서 그래도
이쪽에 밝히 따지려는 듯이,

"전 전염병 환자예요."

하고 쓸쓸한 웃음을 지었다.

"글쎄 그런 줄 압니다. 괜찮으니 들어오십시오."

하니 그제야 가벼운 감격이 마음속에 파동치는 듯, 잠깐 멀―리 하늘가
에 눈을 던졌다가 살며시 들어왔다. 황혼이었다. 동향 방의 황혼이라
말할 때의 그 여자의 맑은 눈 속과 흰 잇속만이 별로 또렷또렷 빛이 났
다.

"저처럼 죽음에 대면해 있는 처녀를 작품 속에서 생각해 보신 적 계세요, 선생님?"

"없습니다! 그리구 그만 정도에 왜 죽음을 생각허십니까?"

"그래두 자꾸 생각하게 되어요."

하고 여자는 보일 듯 말 듯한 웃음으로 천장을 쳐다보았다. 한참 침묵 뒤에,

"전 병을 퍽 행복스럽다 했어요. 처음엔……."

하고 또 가벼이 웃었다.

"……."

"모두 날 위해 주구 친구들이 꽃을 가지구 찾어와 주구, 그리구 건강했을 때보다 여간 희망이 많지 않어요. 인제 병이 나으면 누구헌테 제일 먼저 편지를 쓰겠다, 누구헌테 전에 잘못한 걸 사과하리라 참 벨벨 희망이 다 끓어올랐에요…… 병든 걸 참 감사했어요. 그 땐……."

"지금은요?"

"무서워졌에요. 죽음두 첨에는 퍽 아름다운 걸루 알었드랬에요. 언제든지 살다 귀찮으면 꽃밭에 뛰어들 듯 언제나 아름다운 죽음에 뛰어들 수 있는 걸 기뻐했에요. 그런데 이렇게 닥뜨리고 보니 겁이 자꾸 나요. 꿈을 꿔두……."

하는데 까악—까악—하는 소리가 바로 그 전나무 삭정가지에서인 듯, 언제나 똑같은 거리에서 울려 왔다.

"여기 나와선 까마귀가 내 친굽니다."

하고 그는 억지로 그 불길스러운 소리를 웃음으로 덮어 버리려 하였다.

"선생님은 친구라구꺼정! 전 이 동네가 모두 좋은데 저게 싫어요. 죽음을 잊어버리면 안 된다구 자꾸 깨쳐 주는 것 같아요."

"건 괜한 관념인 줄 압니다. 흰 새가 있듯 검은 새도 있는 거요. 소리

맑은 새가 있듯 소리 탁한 새도 있는 거죠. 취미에 따라 까마귀도 사랑할 수 있는 샌 줄 압니다."

"건 죽음을 아직 남의 걸로만 아는 건강한 사람들의 두개골을 사랑하는 것 같은 악취미겠지요. 지금 저헌텐 무서운 짐승이에요. 무슨 음모를 가지구 복면허구 내 뒤를 쫓아다니는 무슨 음흉한 사내같이 소름이 끼쳐요. 아마 내가 죽으면 저 새가 덥석 날러와 앞을 설 것만 같아……."

"……."

"죽음이 아름답게 생각될 때 죽는 것처럼 행복은 없을 것 같아요."
하고 여자는 너무 길게 지껄였다는 듯이 수건으로 입을 코까지 싸서 막고 멀—거니 어두워 들어오는 미닫이를 바라보았다.

이 병든 처녀가 처음으로 방에 들어와 얼마 안 되는 이야기를 그의 체온과 그의 병균과 함께 남기고 간 날 밤, 그는 몹시 우울하였다.
'무슨 말을 하여야 그 여자를 위로할 수 있을까?'
'과연 그 여자의 병은 구할 수 없는 것일까?'
'어떻게 하면 그 여자에게 죽음이 다시 한 번 꽃밭으로 보일 수 있을까?'
그는 비스듬히 벽에 기대어 이것을 생각하다가 머릿속에서 무엇이 버스럭거리는 소리를 들었다. 가만히 이마에 손을 대니 그것은 벽장 속에서 나는 소리였다. 그는 벽장을 열고 두어 마리의 쥐를 쫓고 나무때기처럼 굳은 빵 한 쪽을 꺼내었다. 그리고 한 손으로는 뒷산에서 주워 온 그 환약과 같이 동그라면서도 가랑잎처럼 무게가 없는 토끼의 배설물을 집어 보면서 요즘은 자기의 것도 그렇게 담박한 것이 틀리지 않을 것을 미소하였다. '사람에게서도 풀내가 나야 한다' 한 철인 소로의 말이 생각났으며, 사람도 사는 날까지 극히 겸손한 곤충처럼 맑은 이슬과 향기로운 풀잎으로만 만족하지 못하는 것을, 그 운명이 슬픈 생각도 났다.

'무슨 말을 하여 주면 그 여자에게 새 희망이 생길까?'

그는 다시 이런 궁리에 잠기었고 그랬다가 문득,

'내가 사랑하리라!'

하는 정열에 부딪히었다.

'확실히 그 여자는 애인을 갖지 못했을 거다. 누가 그 벌레 먹는 가슴에 사랑을 묻었을 거냐.'

그는 그 여자의 앉았던 자리에 두 손길을 깔아 보았다. 싸―늘한 장판의 감촉일 뿐 체온은 날아간 지 오래었다.

'슬픈 아가씨여, 죽더라도 나를 사랑하면서 죽어 다오! 애인이 없이 죽는 것은 애인을 남기고 죽기보다 더욱 슬플 것이다…… 오래 전부터 병균과 싸워 온 그대에겐 확실히 애인이 있을 수 없을 게다.'

그는 문풍지 떠는 소리에 덧문을 달고 남포의 불을 낮추고 포의 슬픈 시 〈레이번〉을 생각하면서,

"레노어? 레노어?"

하고, 포가 그의 애인의 망령을 불렀듯이 슬픈 음성을 소리쳐 보기도 하였다. 그 덮을 것도 없이 애인의 헌 외툿자락에 싸여서, 그러나 행복스럽게 임종하였을 레노어의 가엾고 또 아름다운 시체는, 생각하여 보면 포의 정열 이상으로 포근히 끌어안아 보고 싶은 충동도 일어났다. 포가 외로운 서재에 앉아 밤 깊도록 옛 책을 상고할 때 폭풍은 와 문을 열어젖뜨렸고 검은 숲 속에서는 보이지도 않는 까마귀가 울면서 머리 풀어헤친 아름다운 레노어의 망령이 스르르 방 안 한구석에 들어서곤 하였다.

'오오! 나의 레노어! 너는 아직 확실히 애인을 갖지 못했을 거다. 내

가 너를 사랑해 주며 내가 너의 주검을 지키는 슬픈 애인이 되어 주마.'

그는 밤이 너무나 긴 것을 탄식하며 어서 날이 밝기를 기다리었다.

그러나 밝는 날 아침의 하늘은 너무나 두껍게 흐려 있었고 거친 바람은 구석구석에서 몰려 나오며 눈발조차 희끗희끗 날리었다. 온실 속에서나 갸웃이 내어다보는 한 송이 온대 지방 꽃처럼, 그렇게 갸날픈 그 처녀의 얼굴이 도저히 나타나기를 바랄 수 없는 날씨였다.

'오 가엾은 아가씨! 너는 이렇게 흐린 날, 어두운 방 속에 누워 애인이 없이 죽을 것을 슬퍼하리라! 나의 가엾은 레노어!'

사흘이나 눈이 오고 또 사흘이나 눈보라가 치고 다시 며칠 흐리었다가 눈이 오고 그리고 날이 들고 따뜻해졌다. 처마끝에서 눈 녹은 물이 비오듯 하는 날 오후인데 가엾은 아가씨가 나타났다. 더 창백해진 얼굴에는 상장 같은 마스크를 입에 대었고 방에 들어와서는 눈꺼풀이 무거운 듯 자주 눈을 감았다 뜨면서,

"그간 두어 번이나 몹시 각혈을 했어요."
하였다.

"그러나……."

"의사는 기관에서 터진 피래지만, 전 가슴에서 나온 줄 모르지 않아요."

"그래두 의사가 더 잘 알지 않겠어요?"

"의사가 절 속여요. 의사만 아니라 사람들이 다 날 속이려구만 들어요. 돌아서선 뻔―히 내가 죽을 걸 이야기허다가 나보군 아닌 체들 해요. 그래서 벌써부터 난 딴세상 사람처럼 따돌리는 게 저는 슬퍼요. 죽음이 그렇게 외로운 거란 걸 날 죽기 전부터 맛보게들 해요."

아가씨의 말소리는 떨리었다.

"그래두…… 만일 지금이라두, 만일…… 진정으루 사랑하는 사람이 있다면 그 사람의 말만은 곧이들으시겠습니까?"

"……."

눈을 고요히 감고 뜨지 않았다.

"앓으시는 병을 조곰도 싫어하지 않고 정말 운명을 같이 따라 하려는 사람만 있다면?"

"그럼 그건 아마 사람이 아니겠지요. 저헌테 사랑하는 사람이 있긴 있어요…… 절 열렬히 사랑해 주어요. 요즘두 자주 저헌테 와요."

"……."

"그는 정말 날 사랑하는 표루 내가 이런, 모두 싫어허는 병이 걸린 걸 자기만은 싫어허지 않는단 표루 하루는 내 가슴에서 나온 피를 반 컵이나 되는 걸 먹기까지 한 사람이야요. 그렇지만 그게 내게 위로가 되는 줄 아세요?"

"……."

그는 우울할 뿐이었다.

"내 피까지 먹구 나허구 그렇게 가깝게 해두 그는 저대로 건강하구 저대루 살아가야 할 준비를 하니까요. 머리가 조흐면 이발소에 가고, 신이 해지면 새 구둘 맞추구, 날마다 대학 도서관에 다니면서 학위 받을 연구만 하구 있어요. 그러니 얼마나 저허군 길이 달러요? 전 머릿속에 상여, 무덤 그런 생각뿐인데……."

"왜 그런 생각만 자꾸 하십니까?"

"사람끼린 동정하구퍼두 동정이 안 되는 거 같어요."

"왜요?"

"병자에겐 같은 병자가 되는 것 아니곤 동정이 못 될 겁니다. 그런데 어떻게 맘대루 같은 병자가 되며 같은 정도로 앓다, 같은 시각에 죽습니까? 뻔—히 죽을 사람을 말로만 괜찮다, 괜찮다 하구 속이는 건 이쪽을 더 빨리 외롭게 만드는 거예요."

"어떤 상여를 생각하십니까?"

그는 대담하게 이런 것을 물어 주었다. 그렇게 하는 것이 그 아가씨의 세계에 접근하는 것이 될까 하였다.

"조선 상여는 참 타기 싫어요. 요즘 금칠 막 한 자동차두 보기두 싫어요. 하—얀 말 여럿이 끌구 가는 하—얀 마차가 있다면…… 하구 공상해 봤어요. 그리구 무덤두 조선 무덤들은 참 암만 해두 정이 가질 않어요. 서양엔 묘지가 공원처럼 아름답다는데 조선 산수들이야 어디 누구의 영—원한 주택이란 그런 감정이 나요? 곁에 둘 수 없으니 흙으루 덮구 그냥 두면 비에 패니까 잔디를 심는 것뿐이지 꽃 한 송이 심을 데나 꽃을 데가 있어요? 조선 사람처럼 죽은 사람의 감정을 안 생각해 주는 사람들은 없는 것 같아요. 괜—히 그 듣기 싫은 목소리루 울기만 허고 까마귀나 뫼들게 떡쪼가리나 갖다 어질러 놓구……."

"……."

"선생님은 왜 이렇게 외롭게 사세요?"

그는 아무 대답도 하지 않았다. 그 여자에게 애인이 없으리라 단정한 자기의 어리석음을 마음 아프게 비웃었고 저렇게 절망에 극하여 세상 욕심이라고는 털끝만치도 없는 거룩한 여자를 애인으로 가진 그 젊은 학도가 몹시 부러운 생각뿐이었다.

날은 이미 황혼에 가까웠다. 연당 아래 전나무 꼭대기에서는 아직, 그 탁한 소리로 울지는 않으나 그 우악스런 주둥이로 그 검은 새들이 삭정이를 쪼는 소리가 딱—딱—울려 왔다.

"까마귀가 온 게지요?"

"그렇게 그게 싫으십니까?"

"싫어요. 그것 뱃속엔 아마 별별 귀신 딱지가 다 든 것처럼 무서워요. 한번은 꿈을 꾸었는데 까마귀 뱃속에 무슨 부적이 들구 칼이 들구 시퍼런 불이 들구 한 걸 봤어요. 웃지 마세요. 상식은 절 떠난 지 벌써 오래요……."

"허허……."

그러나 그는 웃고, 속으로 이제 까마귀를 한 마리 잡으리라 하였다. 그 배를 갈라서 그 속에는 다른 새나 조금도 다를 것이 없는 내장뿐인 것을 보여 주리라. 그래서 그 상식을 잃은 여자의 까마귀에 대한 공포심을 근절시키고, 그래서 죽음에 대한 공포심까지도 좀 덜게 해 주리라 마음먹었다.

그는 이 아가씨가 간 뒤에 그 길로 뒷산에 올라 물푸레나무를 베다가 큰 활을 하나 메었다. 꼿꼿한 싸리로 살을 만들고 끝에다는 큰 못을 갈아 촉을 박고 여러 번 겨냥을 연습하여 보고 까마귀를 창문 가까이 유혹하였다. 눈 위에 여기저기 콩을 뿌리었더니 그들은 마침내 좌우를 의뭉스런 눈으로 두리번거리면서도 내려와 그것을 쪼았다. 먼 데 것이 없어지는 대로 그들은 곧 날듯 날듯이 어깨를 곧추세우면서도 차츰차츰 방문 가까이 놓은 것을 쪼며 들어왔다. 방 안에서는 숨을 죽이고 조그만 문구멍에 살촉을 얹고 가장 가까이 들어온 놈의 옆구리를 겨냥하여 기운껏 활을 당겨 가지고 쏘아 버렸다.

푸드득하더니 날기는 다 날았으나 한 놈이 죽지에 살이 박힌 채 이내 그 자리에 떨어졌고 다른 놈들은 까악까악거리면서 전나무 꼭대기로 올라갔다. 그는 황망히 신을 끌며 떨어진 놈을 쫓아 들어가 발로 덮치려 하였다. 그러나 까마귀는 어느 틈에 그의 발 밑에 들지 않고 훌쩍 몸을 솟구어 그 찬란한 핏방울을 눈 위에 흩뿌리며 두 다리와 한 날개로 반은 날고 반은 뛰면서 잔디밭 쪽으로 덥풀덥풀 달아났다. 이쪽에서도 숨 차게 뛰어 다우쳤다. 보기에 악한과 같은 짐승이었지만 그도 한낱 새였 다. 공중을 잃어버린 그에겐 이내 막다른 골목이 나왔다. 화살이 그냥 박힌 채 연당으로 내려가는 도랑창에 거꾸로 박히더니 쌕—쌕—하면서 불덩어리인지 핏방울인지 모를 두 눈을 뒤집어쓰고 집게 같은 입을 딱 딱 벌리며 대가리를 곧추들었다. 그리고 머리 위에서는 다른 놈들이 전 나무에서 내려와 까악거리며 저희 가족을 기어이 구하려는 듯이 낮게 떠돌며 덤비었다.

그는 슬그머니 겁이 나기도 했으나 뭉어리 돌을 집어 공중엣놈들을 위협하며 도랑에서 다시 덥풀 올려 솟는 놈을 쫓아 들어가 곧은 발길로 멱투시를 차 내던지었다. 화살은 빠져 떨어지고 까마귀만 대여섯 칸 밖 에 나가떨어지며 킥—하고 뻐들적거렸다. 다시 쫓아가 발길을 들었으나 그 때는 벌써 까마귀는 적을 볼 줄도 모르고 덮어누르는 죽음과 싸울 뿐이었다. 그는 두근거리는 가슴으로 이 검은 새의 죽음의 고민을 내려 다보며 그 병든 처녀의 임종을 상상해 보았다. 슬픈 일이었다. 그는 이 내 자기 방으로 돌아왔고 나중에 정자지기를 시켜 그 죽은 까마귀를 목 을 매어 어느 나뭇가지에 걸게 하였다. 그리고 어서 그 아가씨가 나타 나면 곧 훌륭한 외과의나처럼 그 검은 시체를 해부하여 까마귀의 뱃속 에도 다른 날짐승과 똑같이 단순한 조류의 내장이 있을 뿐, 결코 그런 무슨 부적이거나 칼이거나 푸른 불이 들어 있지 않다는 것을 증명하리 라 하였다.

그러나 날씨는 추워 가기만 하고 열흘에 한 번도 따뜻한 해가 비치지 않았다. 달포가 지나도록 그 아가씨는 나타나지 않았다. 날씨는 다시 풀 어져 연당에 눈이 녹고 단풍나무 가지에 걸린 까마귀의 시체도 해부하 기 알맞게 녹았지만 그 아가씨는 나타나지 않았다.

하루는 다시 추워져 싸락눈이 사륵사륵 길에 떨어져 구르는 날 오후이다. 그는 어느 잡지사에 들어가 곤작(힘들여 지음) 한 편을 팔아 가지고 약간의 식료를 사 들고 다 나온 길인데, 개울 건너 넓은 마당에는 두어 대의 검은 자동차와 함께 금빛 영구차 한 대가 놓여 있는 것이다.

그는 가슴이 섬뜩하였다. 별장 쪽을 올려다보니 전나무 꼭대기에서는 진작부터 서너 마리의 까마귀가 이 광경을 내려다보며 쭈그리고 앉아 있었다.

'그 여자가 죽은 거나 아닌가?'

영구차 안에는 이미 검은 포장에 덮인 관이 실려 있었다. 둘러섰는 동네 사람 속에서 정자지기가 나타나더니 가까이 와 일러주었다.

"우리 정자루 늘 오던 색시가 갔답니다."

"……."

그는 고요히 영구차를 향하여 모자를 벗었다.

"저 뒤에 자동차에 지금 오르는 사람이 그 색시하구 정혼했던 남자랩니다."

그는 잠자코 그 대학 도서관엘 다니며 학위 얻을 연구를 한다는 청년을 바라보았다. 그 청년은 자동차 안에 들어앉아, 이내 하—얀 손수건을 내어 얼굴에 대었다. 그러자 자동차들은 영구차가 앞을 서며 고요히 굴러 떠나갔다. 눈은 함박눈이 되면서 펑펑 쏟아지기 시작하였다. 그 자동차들이 굴러간 자리도 얼마 안 있어 덮어 버리고 말았다.

까마귀들은 이날 저녁에도 별다른 소리는 없이 그저 까악—까악—거리다가 이따금씩 까르르—하고 그 GA 아래 R이 한없이 붙은 발음을 내곤 하였다.

최명익

장삼이사
비 오는 길

지은이

1908~? 평양 출생. 1937년 《단층》지 동인으로 문단에 데뷔했다. 주로 지
식층의 불안과 허무를 다루는 반면, 심리적 강박관념을 치밀하게 관찰하고 남
녀 관계의 갈등이나 사회적 신념의 파탄을 의식의 흐름 수법으로 묘사하는 것
이 특징이다. 주요 작품으로는 〈심문〉, 〈역류〉, 〈무성격자〉 등이 있으며, 작품
집으로 《장삼이사》가 있다. 이상에 견줄 만한 뛰어난 심리주의 작가로 꼽힌다.

장삼이사

그렇게 붐비고 법석하는 정거장 홈의 혼잡을 옮겨 싣고 차는 떠났다. 그런 정거장의 거리와 기억이 멀어감을 따라 삼등 찻간에 가득 실린 무질서와 흥분도 차차 가라앉기 시작하였다. 앉을 수 있는 사람은 앉고 설 수밖에 없는 사람은 선 채로나마 자리가 잡힌 셈이다.

이 찻간 한 끝 바로 출입구 안쪽에 자리잡은 나 역시 담배를 피워물고 주위를 돌아볼 여유가 생겼던 것이다.

'웬 사람들이 무슨 일로 어디를 가노라 이 야단들인가.'

혼잡한 정거장이나 부두에 서게 될 때마다 이렇게 중얼거려 보는 것이 나의 버릇이지만 그러나——

'이 중에는 남 모를 설움과 근심 걱정을 가지고 아득한 길을 떠나는 이도 있으려니.'

이런 감상적인 심정으로보다도, 지금은 단지 인산 인해라는 사람 틈에 부대끼는 괴로운 역정일는지 모를 것이다. 그렇다고 지금도 그런 역정으로 주위를 흘겨보는 것은 아니다. 물론 또 아득한 길을 떠나는 사람의 서러운 표정을 찾아 구경하려는 호기심도 없었다. 만일 그런 것이 있다면 방심 상태인 내 눈의 요깃거리는 되겠지만.

방심 상태라면 나만은 아닌 모양이었다. 긴장에서 방심 상태로, 그래서 사람들은 각기 제 본색으로 돌아가 각각 제 버릇을 회복하게 되는 것이다.

그런 우리들 중에 모자 대신 편물 목테를 머리에다 감은 농촌 젊은이
가 금방 회복한 제 버릇으로 그만 적잖은 실수를 저지르고 말았다. 실
수라는 것은, 통로에 섰던 그 젊은이가 늘 하던 제 버릇대로 뱉은 가래
침이 공교롭게도 나와 마주 앉은 중년 신사의 구두 콧등에 떨어진 것이
었다. 물론 그것만도 적잖은 실수겠지만 그렇게까지 여러 사람의 눈이
둥그레서 보게끔 큰 실수로 만든 것은 그 구두의 발작적 행동이었다.

아닌게아니라 그 구두는 발작적으로 통로 바닥이 빠져라고 쾅쾅 뛰놀
았다. 그러나 그리 매끄럽지가 못한 구두 코라 용이히 떨어질 리가 없
었다. 그래 더욱 화가 난 구두는 이번에는 호되게 허공을 걷어차기 시
작했다. 그래 뛰어나는 비말의 피해를 나도 받았지만 그 서슬에 어쩔
줄을 모르고 서 있던 그 젊은이는 정면으로 뛰어나는 비말을 피하여 그
저 뒤로 물러서기만 했다. 그러나 그 젊은이의 동행인 듯한 노인이 제
보꾸러미에서 낡은 신문지를 한 줌 찢어 젊은이를 주었다. 젊은이는, 당
장 걷어차거나 쫓아 나와 물려는 맹수나 어르듯이 그 구두 콧등 앞으로
조심히 신문지 쥔 손을 내밀어 보았다. 그러나 구두는 물지도 차지도
않고 도리어 그 손을 피하듯이 움츠러들었다. 그러자 희고 부드러운 종
이가 그 구두 코를 닦기 시작하였다. 그런 종이는 많기도 하고 아깝지
도 않은 모양이었다.

주위의 사람들은 그 구두가 그렇게 야단할 때보다도 더 의외라는 듯이
수북히 쌓이고 또 쌓이는 종이 무더기를 일삼아 보게끔 되었다. 그렇게
씻고 또 씻고 필요 이상으로 씻는 것은 구두보다도 께름한 기억을 씻으
려는 듯도 한 것이었다. 아직도 씻는 것은 그 젊은이가 기껏 미안해하라
고 일부러 그러는 것 같기도 하였다. 혹은 그것이 더러워서만 그런다기
보다도 더러운 사람의 것이므로 더욱 그런다는 듯도 한 것이었다.

그래서 일삼아 보고 있던 사람들은 모두 입을 비죽이고 외면을 하고 말았다. 물론 그 젊은이는, 미안 이상의 모욕감으로 얼굴이 빨개져서 천장만을 쳐다보며 이따금 한숨을 지었다. 그 중년 신사와 통로를 격하여 나란히 앉은 당꼬바지는 다소의 의분을 느꼈음인지 그 우뚝한 코를 벌름거리며 흰자 많은 눈으로 연방 그 신사를 곁눈질하였다. 그러나 그 신사의 눈과 마주치기만 하면 슬쩍 시선을 거두고 딩딩한 코를 천장으로 취끼고 마는 것이었다. 그렇게 그 신사의 눈과 마주치기를 꺼리는 것은 비단 당꼬바지만이 아니었다. 오히려 코가 꽤 딩딩한 당꼬바지도 그럴 적에야——할 정도로 그 신사의 눈은 보기에 좀 불안스럽도록 뒤룩거리는 눈방울이었다. 일부러 점잔을 빼느라 혹은 노상 호령끼를 뽐내느라 그런지, 그렇지 않으면 혹시 약간 피해 망상광의 증상이 있어서도 어쩔 수 없이 뒤룩거리게 되는 눈인지도 모를 것이었다. 어쨌든, 척 마주 보기가 거북스러운 눈이라 아까 신문지를 주던 곰방대 영감은 담배를 붙이며 도적해 보던 곁눈질을 들키자, 채 불이 당기기도 전에 성냥을 불어 끄리만큼 낭패한 것이었다.

이렇게 되고 보니, 그렇지 않아도 본시부터 이렇다 할 이야깃거리가 없이 덤덤하던 우리 자리는 더욱 멋쩍게 되고 말았다. 그렇다고 누가 솔선해서 그런 침묵을 깨뜨려야 할 책임자가 있을 리도 없는 자리였다.

그러나 그 때 당꼬바지 옆에 앉은 가죽 재킷 입은 젊은이가 맞은 편에 캡 쓴 젊은이에게 '자네 지리가미(휴지) 가졌나' 하여, '응 있어' 하고, 일부러 꺼내 주는 것을 '이 사람 지리가민 나두 있네' 하고 한 뭉치 꺼내 보이며 코를 풀기 시작하였다. 그래서 캡 쓴 젊은이는 킬킬 웃으면서 맞은 코를 풀어서는 그런 종이가 수북한 통로 바닥으로 던졌다.

그러나 그 옆의 당꼬바지가 빙그레 웃었을 뿐 아무런 반응도 없고 말았다. 내 앞의 신사는 그저 여전히 눈을 뒤룩거리며 두세 번 큰 하품을 하였을 뿐이다. 좀 실례의 말이지만 마주 앉은 내가 느끼는 그 신사의 하품은 옛말에나 괴담에, 사람을 취하게 하는 무슨 김이나 악취를 뿜는다는 두꺼비의 하품 같은 것이었다.

이런 실례의 말을 해 놓고 보면 정말 그 신사는 어딘가 두꺼비 같은 인상을 주는 것이었다. 심심한 판이라, 좀 따져 본다면, 앞서도 늘 해 온 말이지만, 언제나 먼저 눈에 띄는 그 뒤룩거리는 눈, 그 담에는 떡 다물었달밖에 없이 너부죽한 입, 그리고 언제나 굳은 침을 삼키듯이 불 럭거리는 군턱, 이렇게 두드러진 특징만을 그리는 만화라면 통 안 그려도 무방일 듯한 극히 존재가 모호한 코, 아무리 두꺼비라도 코가 없을 리 없고, 있다면 으레 상판에 있게 마련이겠지만 나는 아직 두꺼비의 상판에서 코를 구경한 적은 없었다. 그렇더라도 두꺼비의 상판은 제법 상판이듯이 그 신사의 얼굴에도 그 코만은 있어 무방 없이 무방으로 극히 빈약하다기보다 제 존재를 영 주장치 않고 그저 겸손히 엎드린 코였다. 혹시 그런 것이 숨을 쉬기 위해서만 마련된 정말 코다운 코일지도 모를 것이다. 소위 융준이라고, 현재 당꼬바지의 코같이 우뚝한 코는 공연히 남에게 건방지다는 인상을 주거나 좀만 추워도 이내 빨개지기만 하는 부질없는 것일는지도 모를 것이다.

이같이 부질없는 용모 파기를 해 가면서까지 그를 흘금흘금 바라보게 되는 것은 아까의 그 실수 사건으로만 그런 것도 아니었다. 물론 그의 지나친 결벽성(?)이 우리의 주의를 끌었을 뿐 아니라 반감을 샀던 것도 사실이지만, 그렇지 않더라도 본시가 그는 우리들 중에서는 가장 두드 러진 존재였던 것이다. 마치 소학생들이 저희 반 애들을 그린 그림에 제일 크게 그려 놓은 급장 모양으로 우리네 중에서——우리라야 서로 바라볼 수 있는 통로 좌우의 앞 뒤, 네 자리의 오월동주격으로 모여앉 은 사람들이지만——가장 큰 몸뚱어리에다 가장 잘 차렸을 뿐 아니라

그 가장 뚱뚱한 배를 흐물거리는 숨소리도 가장 높았던 까닭이었다.

　그같이 우리네의 주의를 끌밖에 없는 그 중년 신사는 몇 번째 하품을 하고 난 끝에 제 옆자리 창 밑에 끼여앉은 젊은 여인의 등 뒤로 손을 넣어서 송기떡빛 종이를 바른 넓적한 고량주 병을 뒤져 내었다. 찻그릇 뚜껑에 가득 따른 술잔을 무슨 쓴 약이나 벼르듯 하다가 그 번즈레한 얼굴에 통주름살을 그으며 마시었다. 떨리는 손으로 또 한 잔을 연해 마시고는 낙타 외투에 댄 수달피 바늘털에서 물방울이라도 튀어날 만큼 부르르 몸서리를 치고는 또 그 여인의 등 뒤로 손을 넣어서 궁둥이 밑에서나 빼낸 듯한 편포를 한 쪽 찢어 씹기 시작하였다. 풍기는 독한 술 내에 사람들의 시선은 또다시 그에게로 모일밖에 없었다. 첩첩 입소리를 내며 태연히 떠들고 있는 그의 벗어진 이마에는 금시에 게알 같은 땀방울이 솟치고 그 가운데 일어선 극히 빈약한 머리털 몇 오리가 무슨 미생물의 첩모나 같이 나불거리었다. 그렇게 발산하는 그의 체온과 체취여니 하면 우리는 금방 이 후끈한 찻간에 산소 부족을 느끼며 그를 바라보는 동안에 차차 그의 입 노릇이 떠지고 지금껏 누구를 노리듯이 굴리던 눈방울이 금시에 머루려 해지고 건침이 흐를 듯이 입 가장자리가 축 처지며 그는 한 번 꺼득 조는 것이었다. 좀 과장해 말하면 미륵불이 연화대에서 고꾸라지는 순간 같은 것이었다. 껀뜩, 제 김에 놀란 그 신사는 떡돌에 치우는 두꺼비 꿈에서나 놀라 깨인 것처럼 그 충혈된 눈이 더욱 휘둥그레져서 옆의 여인을 돌아보고는 안심한 듯이 기지개를 켰다. 그리고는 까맣게 잊었던 일이나 생각난 듯이 분주히 일어나 외투를 벗어 놓고 지리가미를 두 손으로 맞잡아 썩썩 부비며 변소로 들어갔다.

　사람들의 시선은, 허통하게 비어진 그 자리 저편 끝에 지금까지 그 신사의 그늘 밑에 숨어 있던 듯이 송구리고 앉은 젊은 여인에게로 쏠리었다. 그렇다고 우리가 그 여인을 지금 비로소 발견했다는 것은 아니다. 그러면 또 화형이나 같이 아꼈다가 그럴듯한 장면이 되어 지금 비로소 등장시키는 셈도 아닌 것이다. 그 여인은 처음부터 궐녀(그 여자)와 마주 앉은, 즉 내 옆 자리의 촌 마누라와 같이, 무슨 이야깃거리가 될 만한 아무런 말도 행동도 없이 그저 담배만을 피우고 있었던 것이다.

회색 외투를 좀 퇴폐적으로 어깨에만 걸친 그 여인은 지금 제가 여러 사람의 시선 앞에 놓여 있는 것을 아는지 모르는지 그저 제 버릇인 양 이편 손으로 퍼머넌트를 쓸어올려 연방 귓바퀴에 걸치며 여전히 창밖만을 내다보고 있었다. 내다본다지만 창밖은 벌써 어두워 닫힌 겹유리창에는 궐녀의 진한 자줏빛 저고리 그림자가 이중으로 비치어, 해글러 놓은 화롯불같이 도리어 이편을 반사하는 것이었다. 이런 형용은 좀 사치한 것 같지만, 그런 화롯불 위에 올려놓은 무슨 백자그릇같이 비친 궐녀의 얼굴 그림자 속에 빨갛게 켜지는 담뱃불을 불어 끄려는 듯이 그 여인은 동그랗게 모은 입술로 연기를 뿜고 있었다.

그 때 이편 문이 열리며, 차표를 보여 달라는 선문을 놓고 여객 전무가 들어왔다. 차례가 되어 차장이 어깨를 흔들어서야 이편으로 얼굴을 돌린 여인은 '죠오샤깽, 짜뾰요(조사요, 차표)' 하는 젊은 차장을 힐끗 쳐다보고 다시 외면하면서,

"쓰레노 히동아 못데루노요(그 사람이 갖고 있는걸요)."
하였다.

"쟈, 쯔레노 히도와(그럼, 그 사람은)?"

젊은 차장이 되묻는 말에 역시 외면한 대로 여인은 이편 손 엄지손가락을 들어 뒷담을 가리키며,

"하바까리(변소)."
하였다.

여객 전무는 제 차표를 왜 제가 가지고 있지 않느냐고 나무랐다. 그 말을 받아 '그러하농고안데' 하고 젊은 차장이 또 퉁명스럽게 핀잔을 주었다.

그 여인은 홱 얼굴을 돌려 그들의 뒷모양을 흘기고는 눈살을 찌푸리며 돌아앉았다. 불쾌하다기보다 금방 울 듯한 얼굴이었다. 그만 일에 왜 저럴까 싶도록 히스테릭한 태도요 절박한 표정이었다. 그 후에 짐작한 것이지만,──그 자가 제 돈으로 산 차표라고 제가 가지는 걸 내가 어떻게 하느냐──고 울며 푸념이라도 하고 싶은 낯빛이었던 것이다.

차표를 뒤져 내고, 어감만으로도 불안한 '검사'가 무사히 끝나서, 다시 차표를 간직하고 난 사람들은 사소한 흥분과 긴장이나마 치르고 나서 안도하는 낯빛이었다. 그러나 그런 우리네 중에 유독 말썽거리가 되어 아직도 그 흥분을 삭이지 못하는 모양인 그 여인의 행색은 더욱 우리의 주의를 끌밖에 없었다.

'그 신사의 딸일 리는 없고 혹 첩?' 내가 이런 생각을 하고 있을 때,

"만주루 북지루 댕겨 보문 돈벌인 색시 장사가 제일인가 보든."

당꼬바지가 불쑥 이런 말을 시작하였다. 모두 덤덤히 앉았던 사람들은 마침으로 흥미있는 이야깃거리가 생겼다는 듯이 시선이 그에게 몰리자 그의 옆에 앉은 가죽 재킷이 그 말을 받았다.

"돈벌이야 작히 좋은가요, 하지만 자본이 문제거든, 색시 하나에 소불하 돈 천 원은 들어야 한다니까."

"이것이라니 아무리 요좀 돈이구루서니, 천 원이문 만 냥이 아니오."

이렇게 놀란 것은 물론 곰방대 영감이었다. 그러자 아까 그 실수를 한 젊은이가,

"요좀 돈 천 원이 무슨 생명 있나요. 웬만한 달구지 소 한 놈에두 천 원을 안했게 그럽네까."

하고 이번에는 조심히 제 발부리에다 침을 뱉었다.

　"그랜 해두, 넷날에야 윈틀루 에미나이보단 소 끔새가 앞셋디 될 말인가."

　"녕감님, 건 촌에서 밋메누리감으루 딸 팔아먹던 넷말이구요……."

　우리들은 그의 턱을 따로 새삼스레 그 여인을 유심히 보게 되었다. 나 역시 그 여인의 정체를 짐작할 수 있었다.

　여전히 담배를 피우고 창밖만을 내다보고 있던 그 여인은 그런 말과 시선으로 보이지 않는 채찍을 등골에 느끼는 듯이 한 번 어깨를 흠칫하고 외투를 치켜올리는 것이었다. 아까부터 그 여인의 저고리 도련을 만져 보고 치맛자락을 비죽여 보던 촌 마누라는 무엇에 놀라기나 한 것같이 움츠린 손으로 자기 치마 앞을 털었다.

　"사람들이 빌어먹는 꼴이 다 각각이거든."

　"각각일밖에 안 있나."

　"어째서."

　"각각 제 생긴 데루 빌어먹게 매련이니까 달르지."

　"그럼 누군 갈보 장사나 해먹게 생겼던가."

　"보구두 몰라."

　"어떻게."

　"옆에다 색실 척 대리구 가잖아."

　"하하하."

　"하하하."

　가죽 재킷과 캡이 이렇게 받고 차기로 떠들고 웃었다.

　"건 웃음의 말씀이라두, 정말 사실루 사람을 쳐 보문 알거덩요."

　당꼬바지는, 이렇게, 자기가 꺼낸 갈보 타령이 맹랑하게 시작한 말이 아니었다는 것을 발명이나 하듯이 빈 자리를 턱으로 가리키며,

"이 잘 보소고레, 괘애니 저 혼자 점잖은 척하누라구 눈살이 꼿꼿해 앉았어두 상판에 개기름이 번즐번즐한 거이 어디 점잖은 데가 있소."
하였다.
"다들 그러니끼니 그런가부다 하디, 목잔 좀 불량해두, 이내 존대라 구, 난 첨엔 어디 군쭈산가 했소."
하는 노인은 고무신부리에 곰방대를 털었다. 그런 노인의 말에 당꼬바 지는,
"녕감님두 의대조대나 새나요. 요좀엔 돈만 있으문 군쭈사가 아니라 두 누구나 그보다두 뛤떼 먹게 채릴 수 있다우."
하고 껄껄 웃었다.
"그래두 저한테 물어보소 매라나, …… 난…… 우리 겉은 건……."
이렇게 말끝을 아물지 않고 만 것은 그 실수를 저지른 젊은이였다. 역시 천장을 쳐다보는 그는 웬 까닭인지 아까보다도 더 얼굴이 빨개지 는 것이었다. 사람들은 또 웬 까닭인지 와하하 웃음을 터뜨렸다.
"아까 미섭습데까?"
실컷 웃고 난 캡이 이렇게 묻자 또들 웃었다. 그 말을 받아 당꼬바지 가 빈정거리는 투로 이런 말을 하였다.
"왈루 미섭긴 정말 점잖은 사람이 미섭다우. 이렇게(역시 턱으로 빈자 리를 가리키며) 점잖은 테하는 사람이야 뭐 미서울 거 있소. 이제 두구 보소. 아까 보디 않았소, 고샐 못 참아서 백알을 먹드니 피꺽피꺽 피 께질(딸꾹질)을 하는 걸 보디. 그런 잔 보긴 지뚱 미루워두 사궤만 놓 문 사람 썩 도쉔다."
이런 시빗거리의 그 신사가 배갈을 먹고 한 번 껀뜩 존 것은 사실이 지만 피께질을 한 적은 없었다. 그러나 이렇게 흥을 잡자고 하는 말에 는 도리어 사실 이상으로 사실에 가깝게 들리는 말이었다.

"피께질을 했다!"

이번에는 가죽 재킷이 이렇게 따지고는 또들 웃었다.

그 때 변소에 갔던 신사가 돌아왔다. 제자리에 돌아온 그는 그 새만해도 무슨 변화가 생기지 않았나 경계하듯이 이 사람 저 사람의 얼굴을 둘러보며 다시 외투를 입었다. 사람들은 모두 웃음을 거두고 말을 끊고 말았다.

지금껏 이편을 유의했던 모양인 차장이 달려와 차표를 검사하며 아까한 말을 되풀이하고, '고마리마쓰네(곤란합니다)' 로 나무랐다.

당황한 신사는,

'헤헤 스미마셍, 도오모 스미마셍(미안합니다. 대단히 미안해요)' 을 노이고 또 노이며 뻘개진 낯으로 계면쩍다기보다 비굴한 웃음을 지어 보이는 것이었다. 그리고 나서 차표를 다시 속주머니에다 집어넣으며 그는 누가 들으라는 말인지, 그렇다기보다는 여러 사람이 다 들어 달라고 간청이나 하는 듯한 제법 눈웃음을 지어 보이며,

"제길, 후둥쭝이 나서 ××× ×××하기만 하디 원채 씨원히 나오야디요."

하고는 헤헤헤 웃는 것이었다.(아무리 작자가 결벽성을 포기하고 시작한 이 작품이지만 이 ××의 의음만은 복자하는 것이 작자인 나의 미덕일 것이다.) 확실히 부드러운 말씨였다. 그리고 사교적인 웃음이었다. 아닌 게 아니라 그 신사의 그런 말과 웃음은 여간만 효과적인 것이 아니었다.

"거 정말 급하웬다. 후둥쭝이 정 심한댄, 깜진 네펜네 첫아이 낳기만이나 한 걸이요."

이같이 솔선하여 동정한 것은 당꼬바지였다. 그 말에 다른 사람들도 지금껏 그 남자를 배안시하던 눈에 웃음을 띠게 되었다.

"건 뭐 병이 아니라 술 탈이니긴, 메칠만 안 자시문 멜하리요."

또 이런 급성적 우정으로 충고한 것은 캡 쓴 젊은이였다.

"그랠래니, 데런 냥반이야 찾아오는 손님으루 관텅 교제루 어디 뭐 술을 안 자실테 안 자실 수가 있을라구."

곰방대 노인이 이렇게 경의를 표하는 말에,

"아마 그럴 것이요."

하고 가죽 재킷 젊은이가 동의하였다.

이런 동정과 우의를 대번에 얻게 된 그 남자는 몇 번 신트림을 하고 나서,

"물론 것두 그렇고, 한 십 년 만주루 북지루 댕기멘서 그 추운 겨울엔 호주루 살아 버릇해서 여게 나와서두 안 먹던 못합네다가레."

하며 옆에 놓인 고량주 병을 들어 약간 흔들어 보고 만져 보는 것이었다.

"영업하는 덴 만준가요 북진가요."

"뭐어 안 가본 데 없디요. 첨엔 한 사오 년 일선으로 따라당기다가 너머 고생스럽드라니 그 담엔 대련서 자리 잡구 하다가 신경 와선 자식 놈들한테 다 밀어 맺기구 작년부터 나오구 말았소."

"그 새 큰일났갔소고레."

당꼬바지가 또 묻는 말에,

"뭐 거저……, 그랜 다른 노름 봐서야……."

하며 만지던 술병을 여인의 등 뒤로 밀어넣으려 할 때 지금껏 눈여겨 보고 있던 곰방대 노인이,

"거이 어디 이 녕감두 한 잔 먹어 볼까요."

하며 나앉았다.

"이어 참, 미처 생각을 못 해서 실렐 했구만요, 이제라두 한 잔씩들 같이 합세다."

그래서 '이거 원 뜻밖' '그러구 보니 이 영감 덕이로군' '하하하' 이

런 웃음과 농지거리로 뜻밖의 술판이 벌어졌다.

그 중에 나만은 술을 통 먹지 못하므로 돌아오는 잔을 사양할밖에 없었다. 그들이 굳이 권하려 들지 않는 것이 여간만 다행한 일이 아니었다. 그러나 그들이 술 못 먹는 나를 아껴서보다도, 아무리 사람 좋은 그들이지만 지금껏 말 한 마디 참견할 기회가 없이 그저 침묵을 지킬밖에 없는 나에게까지 그런 우정을 느낄 수는 없을 것이다. 그래서 그들은 나를 경원하게 되는 모양이었다. 또 단순한 경원이라기보다도 자칫하면 좀전의 이 신사와 같이 반감과 혐오의 대상일는지도 모를 것이었다. 이 뜻밖에 벌어진 술판의 판을 치는 이야깃거리는 물론 그 남자의 내력담과 사업 이야기였다.

"……사실 내놓구 말이디, 돈벌이루야 고만한 노릇이 없쉔다. 해두, 그 에미나이들 송화가 오죽한가요. 거이 머어 한 이삼십 명 거느릴래 문 참 별에별 꼴 다 봅네다……."

쩍하면 앓아눕기가 일쑤요, 그래두 명색이 사람이라 앓는 데 약을 안 쓸 수 없으니 그러자면 비용은 비용대로 처들어가고 영업은 못 하고, 요행 나으면 몰라도 덜컥 죽으면 돈 천 원쯤은 어느 귀신이 물어간지 모르게 장비까지 '보숭이' 칠을 해서 없어진다는 것이었다.

"앓다 죽는 년이야 죽고파서 죽갔소, 그래 건 또 좀 양상이디만, 이것들이 제깐엔 난봉이 나디 않소. 제법 미어 죽는다 산다 하다가는 정사합네 하디 않으문 달아나기가 일쑤구……."

이렇게 말이 채 끝나기 전에 술잔이 돌아와 받아 든 그는,

"이게 다슷 잔쨴가?"

하며 들여다보는 그 잔은 할 수만 있으면 면하고 싶지만 그러나 우정으로 달게 받아야 할 희생 같은 잔인 모양이었다. 그래서 마시기로 결심한 그는 일종 비장한 낯빛을 지으며 꿀꺽 들이키었다. 그리고는 부르르

몸서리를 치자 더욱 붉어진 눈방울을 어둑 크게 치뜨며,

"사람이 기가 멕혜서, 글쎄 이 화상을 찾누라구 자식놈들은 만주 일
판을 뒤지구 난 또 여기서 돈 쓰구 애먹은 생각을 하문 거저 쥑에
두……."

이런 제 말에 벌컥 격분한 그는 주먹을 번쩍 들었다. 막 그 여인의 뒷
덜미에 떨어질 그 주먹을 쳐다보는 사람들은 한순간 숨을 죽일밖에 없
었다. 한순간 후였다. 와하하 사람들의 웃음이 터지었다. 그 주먹이 슬
며시 내려오고 그 주먹의 주인이 히히히 웃고 만 까닭이었다. 그 동안
눈을 꽉 감을밖에 없었던 나는 간신히 그 여인을 바라보았다.

여인은 제 얼굴 그림자를 통살라 버리도록 담배를 빨아 들이켜고 있
었다. 그런 주먹의 용서를 다행하게나 고맙게 여기는 눈치는 조금도 찾
아볼 수 없었다. 그런 여인의 태도에는 지금의 풍파는 있었던 것 같지
도 않았다. 하기야 한순간, 실로 한순간이었지만.

터졌던 웃음소리는 아직도 허허 킬킬하는 여운으로 계속되었다. 나는
그런 그들의 웃음을 악의로 듣지는 않았다. 오히려 폭력의 중지에 안심
하고 학대 일순 전에 농치는 요술 같은 신사의 관용을 경탄하는 호인들
의 웃음이라고도 할 것이다. 그러나 그런 웃음이 주먹보다도 그 여인의
혼을 더욱 학대하는 것 같은 건 웬 까닭일까.

그 때 차는 어느 작은 역에 멎었다. 아까 실수한 젊은이와 곰방대 노
인이 내렸다. 그들은 그런 웃음을 채 웃지 못한 채 총총히 내리고 만 것
이다. 밤중의 작은 역이라 그 자리에 대신 오르는 사람도 없이 차는 또
떠났다.

"좌우간 무던하갔쉐다. 저이 집식구가 많아두 씩둑깍둑 말썽인데 그
것들이 어떻게 돌아먹은 년들이라구."

당꼬바지는 코 멘 소리로 또 말을 시작하였다. 그러나 그 신사는 어

느 새 건뜩 졸다가는 눈을 뜨고 눈을 떴다가는 또 졸고 할 뿐 대답이 없었다. 아직도 좀 남은 술병은 마주 앉은 세 사람 사이로 돌아갔다.

"이왕이문 데 색시 오샤쿠(술따르기, 접대)루 한잔 먹었으문 도오캇는데."

"말 말게. 이제 하든 말 못 들었나."

"뭘."

"남 정든 님 따라 강남 갔다 부뜰레서 생이별하구 오는 판인데 무슨 경황에 자네 오샤쿠하겠나."

"오샤쿠할 경황두 없이 츠라이 시츠렝(실연)이문 발쎄 죽었지 죽어."

"사람이 그렇게 죽기가 쉬운 줄 아나."

"나아니, 와케 나이요(뭘, 간단하지). 정말 말이야 도망을 하지 아니치 못하리만큼 말이야 알겠나? 도망을 해서라두 말이야, 잇셔니 나루(함께 사는 것) 하지 않으문 못 살 코이비도(연인)문 말이야, 붙들렸다구 죽여 주소 하구 따라올 이가 없거든 말이야, 응 안 그래? 소랴아 기미(그 때) 혀라두 깨물고 죽을 것이지 뭐야, 응 안 그래."

이런 말이 나오자 그 여인은 무엇에 찔린 듯이 해쓱해진 얼굴을 그 편으로 돌리었다. 그 편에서 지껄이는 사람들을 바라보는 그 눈은 지금 그런 말을 누가 했느냐고 묻기라도 할 듯한 눈이었다. 그러나 취한 그들은 그런 여인의 눈과 마주쳐도 조금도 주춤하는 기색도 없었다. 도리어 당꼬바지는,

"거 사실 옳은 말이야, 정말 아싸리한 계집이문 비웃살 좋게 도망두 안 할걸."

이렇게 그 여인의 얼굴을 보이지 않은 말의 채찍으로 후려갈기었다.

"자, 어서 술이나 마저 먹지. 거 왜 아무 상관없는 걸 가지구 그럴 거 있나."

가장 덜 취한 모양인 가죽 재킷이 중재나 하듯 말하며 잔을 건네었
다. 잔을 받아 든 젊은이는 비척 몸을 가누지 못하며 또 지껄이었다.

"가노조(그 여자)말이야, 덴카노 기루보자 나이카(천하의 갈보가 아니
야). 왜 우리한테 상관이 없어."

그 때 차창 밖에 전등의 행렬이 보이자 차가 멎었다. 금시에 정신이
든 듯한 두 젊은이는,

"우린 여기서 먼츰 실례합니다."

"한참 심심치 않게 놀았는데요."

"사요나라(안녕)."

이런 인사를 던지듯 지껄이며 분주히 나가고 말았다.

새 사람들로 그 자리를 메우고 차는 다시 떠났다. 한참 동안 코를 골
며 잠이 들었던 그 신사는 떠들석한 통에 깨기는 했으나 아직도 채 정
신이 안 나는 모양이었다. 당꼬바지는 이야기 동무를 한꺼번에 잃고 갑
갑한 듯이 하품을 하다가 다음 역에서 내리고 말았다. 내 옆의 촌 마누
라도 내려서 나는 그 자리에 옮아 젊은 여인과 마주 앉게 되었다.

그 신사는 시렁에서 손가방과 모자를 내리었다. 다음 S역에서 내릴
모양이다. 끌러 놓았던 구두끈을 다시 매고 난 신사는 손수건과 입과
눈을 닦으며,

"그래 그만하문 너 잘못 간 줄 알디."

"……."

"내가 없다구 무서운 줄 모루구들…… 어디 실컷들 그래 봐라."

"……."

이렇게 혼잣말같이 중얼거리었다. 여자는 역시 담배만 피우고 있었
다. 새로 들어온 사람들은 지금까지의 사정을 모르므로 이런 말에 뛰어
들어 한때 무료를 잊을 이야깃거리를 삼으렬 수는 없었다. 이 이상 더

그 여인을 치고 차는 말이나 눈초리도 없이 S역에 닿았다.

　여자를 데리고 내릴 줄 알았던 신사는 차창을 열고 거의 쏟아질 듯이 상반신을 내밀었다. 혼잡한 플랫폼에서 누구를 찾는지 두리번거리던 그는 고함을 치기 시작하였다. 몇 번 부르자 차창 앞에 달려온 젊은이에게 물었다.

　"네 형이 온대드니 어떻게 네가 왔니."

　"형님은 또 ×××에 가게 됐어……."

　"겐 또 왜?"

　그 젊은이는 털모자를 벗어 쥔 손가락으로 머리를 긁적거리며 난처한 대답을 하는 것이다.

　"그 새 옥주년이 또 달아나서……."

　"뭐야."

　"옥주년이 또……."

　"이 새끼."

　창틀을 짚었던 손이 번쩍하고 젊은이의 뺨을 갈겼다. 겁결에 비켜서는 젊은이가,

　"그래두 니여 잽혀서 지금 찾으레……."

하는 것을,

　"듣기 싫다."

하며 또 한 번 뺨을 철썩 후려쳤다.

　"정말 찾긴 찾았단 말이가? 어서 이리 들어나 오날."

　들어온 젊은이는, 빨리 손쓴 보람이 있어 ××에서 붙들었다는 기별을 받고 찾으러 갔다고 설명하였다. 비로소 성이 좀 풀린 모양, 신사는 여기 일이 바빠서 제가 갈 수 없는 것을 걱정하고 여인의 차표와 자리를 내주고 내렸다.

또 차가 떠났다. 차창 밖의 그 신사는 뒤로 흘러가고 말았다.

앉으려던 젊은이는 제 얼굴을 쳐다보는 그 여인의 눈과 마주치자 아무런 말도 없이 그 뺨을 후려쳤다. 여인은 머리가 휘청하며 얼굴에 흐트러지는 머리카락을 늘 하던 버릇대로 귓바퀴 위에 거두어 올리었다. 또 한 번 철썩 소리가 났다. 이번에는 여인의 저편 손가락 끝에서 담배가 떨어졌다. 세 번째 또 손길이 갔다. 여인은 떨리는 아랫입술을 옥물었다. 연기로 흐릿한 불빛에도 분명히 보이리만큼 손자국이 붉게 튀어오르기 시작하는 뺨이 푸들푸들 경련을 일으키는 것이었다. 하얗게 드러난 앞니로 옥문 입 가장자리가 떨리는 것은 북받치는 울음을 참는 모양이었다. 그러나 마주 보는 내 눈과 마주친 그 눈은 분명히 웃고 있었다. 그리고 보면 경련하는 그 뺨이나 옥문 입술로 참을 수 없는 웃음을 억제하는 것같이 보이기도 하였다. 나는 나를 잊어버리고 그러한 여인의 얼굴을 바라볼밖에 없었다. 종시 여인의 눈에는 눈물이 어리우기 시작하였다. 한 번만 깜박하면 쭈르르 쏟아지게 가득 눈물이 고였다. 나는 그 눈을 더 마주 볼 수는 없어서 얼굴을 돌릴밖에 없었다.

"어데 가?"

조금 후에 이런 젊은이의 고함 소리가 났다.

"……."

여인은 대답이 없이 눈물에 젖은 얼굴을 수건으로 가리며 턱으로 변소 쪽을 가리켰다. 여인이 가는 곳을 바라보고 변소 문 여닫는 소리를 듣고 또 지금 차가 전속력으로 달리고 있다는 것을 몸으로 짐작한 그는 비로소 안심한 듯이 담배를 꺼내 물고,

"실례합니다."

하고 문턱에 놓인 성냥을 집어 갔다. 여인의 성냥이 아까 창으로 내다보던 그 남자의 팔굽이에 밀려서 내 편으로 치우쳤던 것이다.

"고맙습네다. 참 이젠 너무 실례해서……."

성냥을 도로 갖다 놓으며 수작을 붙이려 드는 것이었다.

그 젊은이가 이같이 추근추근 말을 붙이는 데 대꾸할 말도 없었지만 그보다도 나는 어쩐지 퍽 지리한 여행을 한 것 같고 앞으로도 또 그래야 할 길손같이 심신이 퍽 피로한 듯하였다.

그런 신경의 착각일까, 웬 까닭인지 내 머릿속에는 금방 변기 속에 머리를 처박고 입에선 선지피를 철철 흘리는 그 여자의 환상이 선히 떠오르는 것이었다. 따져 보면 웬 까닭이랄 것도 없이 아까 '심심치 않게 잘 놀았다'는 그들의 하잘것없는 주정의 암시로 그렇겠지만 또 그리고 나야 남의 일이라 잔인한 호기심으로 즐겨 이런 환상도 꾸미게 되는 것이겠지만, 설마 그 여인이야 제 목숨인데 그만 암시로 혀를 끊을 이가 있나 하면서도 웬 까닭인지 머릿속에 선한 그 환상은 지워지지가 않는 것이었다. 더욱이나 아까 입술을 옥물고도 웃어 보이던 그 눈을 생각하면 역력히 죽을 수 있는 매진 결심을 보여 준 것만 같아서 더욱 마음이 초조해지고 금시에 뛰어가서 열어 보고 안 열리면 문을 깨뜨리고라도 보고 싶은 충동에 몸까지 들먹거리기도 하는 것이었다.

지나간 사정을 알 리 없는 새로 들어온 사람들은 물론이요, 그 젊은이까지도 이런 절박한 사정(?)은 모를 터인데 나까지 이렇게 궁싯거리기만 하는 동안에 사람 하나를 죽이고 마는 것이 아닐까——이렇게까지 초조해하면서도 그런 내 걱정이 어느 정도까지 망상이요 어느 정도까지가 이성적인지 갈피를 잡을 수 없어 더욱더 초조할밖에만 없었다.

이런 절박한 사태(?)를 짐작도 할 리 없는 사람들은, 단순히 때리고 맞는 그 이유만이 궁금한 모양이었다.

"그 왜들 그럽네까."

궁금한 축 중의 한 사람이 나 대신 말을 받아 묻는 것이었다.

"거어 머 우서운 일이디요."

하고 그 젊은이는 싱글싱글 웃으면서

"가따나 그 에미나이들 성화에 화가 나는데, 집의 아버지까지 그러니, 아버지한테 얻어맞은 억울한 화풀일 그것들한테나 하디 어데다 하갔소. 그래서 거기……."

하고는 히들히들 웃는 것이었다. 묻던 사람도 따라 웃었다.

듣고 보면 더 캐어물을 것도 없이 명백한 대답이었다. 때릴 수 있어 때리고 맞을 처지니 맞는 것뿐이다. 이런 명백한 현실을 듣고 보는 동안에도 나의 망상은(?) 저대로 그냥 시간적으로까지 진행하여, 지금 아무리 서둘러도 벌써 일은 저지르고 만 것이었다. 싸늘하게 굳어진 여인의 시체가 흔들리는 마룻바닥에서 무슨 짐짝이나 같이 퉁기고 뒹구르는 양이 눈 감은 내 머릿속에서도 굴러다니는 것이었다.

아아, 그러나 이런 나의 악몽은 요행 짧게 끊어지고 말았다. 그 여인이 내 무릎을 스치며 제자리로 돌아왔다. 무사히 돌아올 뿐 아니라, 어느 새 화장을 고쳤던지 그 뺨에는 손가락 자국도, 눈물 흔적도 없이 부우옇게 분이 발려 있는 것이었다. 그리고 당장이라도 직업 의식적인 추파로 내게 호의를 고할 듯도 한 눈이었다. 어쨌든 나는 그 여인이 그렇게 태연히 살아 돌아온 것이 퍽 반가웠다.

"옥주년도 접했어요?"

내가 비로소 듣는 그 여인의 말소리였다.

"그래, 너 이년들 둘이 트리했든 거로구나."

하는 젊은이의 말도, 지난 일이라 뭐 탄할 것도 없다는 농조였다.

"트리야 뭘 했댔갔소, 해두 이제 가 만나문 더 반갑갔게 말이웨다."

이런 여인의 말에 나는 웬 까닭인지 껄껄 웃어 보고 싶은 충동을 겨우 억제하였다.

비 오는 길

성 밖 한 끝에 사는 병일이가 봉직하고 있는 공장은 역시 맞은편 성 밖 한 끝에 있었다. 맞은편이지만 사변형의 대각은 채 아니므로 30분쯤 걷는 그 길은 중로(중도)에서 성 안 시가지의 한 모퉁이를 약간 스칠 뿐이다.

집을 나서면 부 행정구역도에 없는 좁은 비탈길을 십여 분간 걸어야 한다.

그 길은 여름날 새벽에 바제게 뜨는 햇빛도 서편 집 추녀 밑에 간신히 한 뼘 넓이나 비칠까말까 하게 좁은 길을 사이에 두고 작은 집들이 서로 등을 비빌 듯이 총총히 들어박힌 골목이다.

이 골목은 언제나 그렇듯 한산한 탓인지 아침저녁 어두워서만 이 길을 오고가게 되는 병일은 동편 집들의 뒷담 꽁무니에 열려 있는 변소 구멍에서 어정거리는 개들과 서편 집들의 부엌에서 행길로 뜨물을 내쏟는 안질(눈병)난 여인들밖에는 별로 내왕하는 사람을 볼 수 없었다.

일찍이 각기병으로 기운이 빠진 병일의 다리는 길을 좀 돌더라도 평탄한 큰 거리로 다니기를 원하였다. 사실 걷기 힘든 길이었다.

봄이면 얼음 풀린 물에 길이 질었다. 여름이면 장맛물이 그 좁은 길을 개천 삼아 흘렀다. 겨울에는 아이들이 첫눈 때부터 길을 닦아 놓고 얼음을 지치었다.

병일은 부드러운 다리에 실린 몸의 중심을 잡기 위하여 외나무 다리나 건너듯이 두 팔을 허우적거리며 걷는 것이었다.

봄의 눈 녹은 물과 여름 장마를 치르고 나면 이 길은 돌짝길이 되고 말았다. 그 때에는 이 어두운 길을 걷는 병일이가 아끼는 그의 구두 콧등을 여지없이 망쳐 버리는 것이었다.

비록 대낮에라도 비행기 소리에 눈이 팔리거나 머리를 수그렸더라도 무슨 생각에 정신이 팔리면 반드시 영양 불량성인 아이들의 똥을 밟을 것이다.

봄이 되면 그 음침한 담 밑에도 작은 풀잎새가 한 떨기씩 돋아나기도 하였다.

이 골목에 간혹 들어박힌 고가의 기왓장에 버짐같이 돋친 이끼가 아침 이슬에 젖어서 초록빛을 보이는 때가 있지만 한 줌 한 줌씩 아껴 가며 구차하나마 이 돌짝길의 기슭을 치장하여 놓은 어린 풀떨기는 이 빈민굴도 역시 봄을 맞이한 대지의 한 끝이라는 느낌을 새롭게 하였다.

밤이면 행길로 문을 낸 서편 집들 중에 간혹 문기둥을 단 집이 있었다. 그것은 토지, 가옥, 인사, 소개업이라는 간판을 붙인 집이었다.

그것도 같은 집에 늘 있는 것이 아니다. 이 모퉁이를 지나면 있으려니 하였던 문등이 없어지기도 하고, 저 모퉁이는 어두우려니 하고 가면 의외의 새 문등이 켜 있기도 하였다.

요사이 문등이 또 한 개 새로이 켜지었다. 저녁마다 장구 소리와 어울려서 나이 어린 계집애의 목청으로 부르는 노랫소리가 새어 나오던 집이었다.

새 문등이 달리자 초롱을 든 인력거꾼이 그 집 문밖에서 기다리는 것을 보게 되었다.

그리고 이 여름에는 초저녁부터 그 집 안방에 가득 차게 쳐 놓은 생초 모기장을 볼 수 있었다.

다른 집들은 이 여름에도 여전히 모기쑥을 피우고 있다.

그 집도 작년까지는 모기쑥을 피웠던 것이었다. 저녁마다 집으로 돌아올 때에 모기쑥 내에 잠긴 이 골목에서 붉은 도련을 친 그 초록 모기장을 볼 때마다 병일이는 위쪽지를 척 도려 놓은 수박을 연상하였다.

이 골목을 지나가면 새로운 시구 계획으로 갓 닦아 놓은 넓은 길에 나서게 된다.

옛 성벽 한 모퉁이를 무찌르고 나간 그 거리는 아직 시가다운 시가를 이루지 못하였다.

헐린 옛 성 밑에는 낮고 작은 고가들이 들추어 놓은 고분 속같이 침울하게 벌여져 있고, 그것을 가리기 위한 차면같이 회담에 함석 이엉을 덮은 새 집들이 단벌 줄로 나란히 서 있을 뿐이다.

이러한 바로크식 외짝 거리의 맞은편은 아직도 집들이 들어서지 않았었다. 시탄(땔나무와 숯) 장사, 장목(굵고 긴 나무) 장사, 옹기 노점, 시멘트로 만드는 토관 제조 공장 등 성 밖에 빈 땅을 이용하는 장사터가 그저 남아 있었다.

도시의 발전은 옛 성벽을 깨뜨리고 아직도 초평(풀이 무성한 벌판)이 남아 있는 이 성 밖으로 뛰어 나오기 시작한 것이었다.

그리하여 아직도 자리잡지 않은 이 거리의 누렇던 길이 매연과 발걸음에 나날이 짙어져 꺼멓게 멍들기 시작한 이 거리를 지나면 얼마 안 가서 옛 성문이 있었다. 그 성문을 통하여 이 신작로의 수직선으로 뚫린 시가가 바라보이는 것이었다.

그 성문 밖을 지나치면 신흥 상공 도시라는 이 도시의 공장 지대에 들어서게 된다. 병일이가 봉직하고 있는 공장도 그 곳에 있었다.

병일이는 이 길을 2년간이나 걸었다. 아침에는 집에서 공장으로, 저녁에는 공장에서 집으로 가는 가장 가까운 길이므로 이 길을 걷는 것이었다.

병일이는 취직한 지 2년이 되도록 신원 보증인을 얻지 못하였다.

매일 저녁마다 병일이가 장부의 시재를 막아 놓으면 주인은 금고의 현금을 헤아렸다. 병일이가 장부에 적어 놓은 숫자와 주인이 헤아린 현금이 맞아떨어진 후에야 그 날 하루의 일이 끝나는 것이었다.

주인이 금고문을 잠근 후에 병일이는 모자를 집어 들고 사무실 문밖에 나선다. 한걸음 앞서 나섰던 주인은 곧 사무실 문을 잠가 버리는 것이었다.

사무실 마루를 쓸고 훔치고 손님에게 차와 점심 그릇을 나르고 수십장의 편지를 쓰고 장부를 정리하는 등 소사와 급사와 서사의 일을 한몸으로 치르고 난 뒤에 하숙으로 돌아가는 병일의 다리와 머리는 물병과 같이 무거웠다.

주인에게 작별 인사를 하고 공장문 밖을 나서면 하루의 고역에서 벗어났다는 시원한 느낌보다도 작은 별들이 반짝이는 하늘 아래 말할 수 없이 호젓하여짐을 금할 수 없었다.

그는 주인 앞에서 참고 있었던 담배를 가슴 속 깊이 빨아 들이켜며 이 연래(여러 해 이후)로 구하여도 어찌 못하는 신원 보증인을 다시금 궁리하여 보는 것이었다.

현금에 손을 대지 못하고 금고에 들어 있는 서류에 참견을 못하는 것이 책임 문제로 보아서 무한히 간편한 것이지만, 취직한 첫날부터 지금까지 하루도 변함없이 자기를 감시하는 주인의 꾸준한 태도에 병일이도 꾸준히 불쾌한 감을 느껴 온 것이었다.

주인의 이러한 감시에 처음 얼마 동안은 신원 보증이 없어서 그같이

못 미더운 자기를 그래도 써 주는 주인의 호의를 한없이 감사하고 미안하게 여겼었다.

그 다음 얼마 동안은 병일이가 스스로 믿고 사는 자기의 담박한 성정을 그리도 못 미더워하는 주인의 태도에 원망과 반감을 가지게 되었었다.

그러다가 최근에는 유독 병일이만을 못 믿는 것이 아니요, 자기(주인)의 아내까지 누구나 사람을 믿지 않는 것이 이 주인의 심술인 것을 알게 되자, 병일은 이러한 종류의 사람을 경멸할 수 있는 쾌감을 맛보았던 것이었다.

자기에게서 떠나지 않는 주인의 이 경멸할 감시적 태도를 병일이는 할 수 있는 대로 묵살하고 관심치 않으려고 하였다.

그러나 맨 처음 감사하고 미안하게 생각하였을 때나 그 다음 원망과 반감을 가졌을 때나 경멸하고 묵살하려는 지금이나 매일반으로, 아직까지 계속하는 주인의 꾸준한 감시적 태도에 대하여 참을 수 없이 떠오르는 자기의 불쾌감까지는 묵살할 수 없는 것이었다.

지금도 장부를 다시 한 번 훑어보고 있는 주인의 커다란 손가락에서 금고의 자물쇠 소리가 절거럭거리던 것을 생각할 때에는 시장하여 나른히 피곤하여진 병일의 신경에 헛구역의 충동을 일으키는 것이었다. 그러다가 눈앞에 커다란 그림자같이 솟아 있는 옛 성문을 쳐다보았다. 침침한 허공으로 솟아오를 듯이 들려 있는 누각 추녀의 검은 윤곽을 쳐다보고, 다시 그 성문 구멍으로 휘황한 전등의 시가를 바라보며 10만! 20만! 이라는 놀라운 인구의 숫자를 눈앞에 그려 보았다.

'그들은 모다 자기네 일에 분망(몹시 바쁨)한 사람들이다.'

이러한 생각에 다시 허공을 향하는 병일의 눈에는 어둠 속을 날아 헤매는 박쥐들이 보였다. 박쥐들은 캄캄한 누각 속에서 나타났다가 다시 누각 속으로 사라지는 것이었다. 그것은 마치 옛 성문 누각이 지니고 있는 오랜 역사의 혼이 아직 살아서 밤을 타서 떠도는 듯이 생각되는 것이었다.

대개가 어두운 때였으므로 신작로에도 사람의 내왕이 드물었다. 설혹 매일같이 길을 어기는 사람이 있어도 언제나 그들은 노방(길가)의 타인이었다.

외짝 거리 점포의 유리창 안에 앉아 있는 노인의 얼굴이나 그 곁에 쌓여 있는 능금알이나 병일에게는 다를 것이 없었다.

비가 부슬부슬 떨어지기 시작하였다. 비안개를 격하여 보이는 옛 성문은 그 윤곽이 어둠 속에 잠겨서 영겁(아주 오랜 세월)의 비를 머금고 있는 검은 구름 속으로 녹아들고 말 듯이 보였다.

그러나 성랑(성곽에 세워 놓은 누각) 위에 높이 달아 놓은 망대의 전등이 누각 한편 추녀 끝에 불빛을 던지고 있었다.

이끼에 덮이고 남은 기왓장이 빛나 보이고, 그 틈서리에 길어난 긴 풀대가 비껴 오는 빗발에 떨리는 것이 보였다.

외짝 거리까지 온 병일은 어느 집 처마 아래로 들어섰다. 그것은 문등이 달린 조그만 현관이었다. 현관 옆에는 회 바른 담을 네모나게 도려내고 유리를 넣어서 만들어 놓은 쇼윈도가 있었다.

'하아, 여기 사진관이 있었던가!' 하고 병일은 여지껏 몰라보았던 것이 우스웠다. 그 작은 쇼윈도 안에는 값없는 16촉 전구가 켜 있었다. 그리고 퍼런 판에 금박으로 무늬를 놓은 반자지를 바른 그 안에는 중판쯤 되는 결혼 사진을 중심으로 명함판의 작은 사진들이 가득히 붙어 있었다. 대개가 고무 공장이나 정미소의 여공인 듯한 소녀들의 사진이었다. 사진의 인물들은 모두 먹칠이나 한 듯이 시꺼먼 콧구멍이 들여다보였다.

'압정으로 사진의 웃머리만을 눌러 놓아서 얼굴들이 반쯤 제쳐진 탓이겠지――.' 하고 병일은 웃고 있는 자기에게 농담을 건네어 보았다.

그들의 후줄근한 이마 아래 눌려 있는 정기 없는 눈과 두드러진 관골(광대뼈) 틈에 기를 펴지 못하고 있는 나지막한 코를 바라보면서 병일은 그들의 무릎 위에 얹혀 있을 거친 손을 상상하였다.

병일은 담배를 붙여 물고 돌아서서 발 앞에 쏟아지는 낙숫물 소리를 들으며 맞은편 빈 터의 캄캄한 공간을 바라보았다. 거기서 간간이 불어오는 바람결마다 빗발은 병일의 옷자락으로 풍겨들었다.

옆집 유리창 안에는 닦아 놓은 푸른 능금알들이 불빛에 기름이나 바른 듯이 윤나 보였다. 그 가운데 주인 노파가 장죽을 물고 앉아 있었다. 피어 오르는 담배 연기를 바라보며 졸고 있는 것이었다.

푸른 연기는 유리창 안에서 천장으로 향하여 가늘게 떠오르고 있었다.

노파의 손에 들린 삿부채가 그 한 면에 깃든 검은 그림자를 이편 저편 뒤척일 때마다 가녀린 연깃줄은 흩어져서 능금알의 반질반질한 뺨으로 스미어 사라졌다.

그 때마다 병일은 강철 바늘 같은 모기 소리를 느끼고 몸서리쳤다.

빗소리 밖에는――고요한 저녁이었다.

병일이는 다시 쇼윈도 앞으로 돌아서서 연하여 하품을 하면서 사진을 보고 있었다. 그 때에 갑자기 사진이 붙어 있는 뒤 판장이 제쳐지며 커다란 얼굴이 쑤욱 나났다.

병일이의 얼굴과 마주친 그 눈은 한 겹 유리창을 격하여 잠시 동안 병일이를 바라보다가 붉은 손에 잡힌 비로 쇼윈도 안을 쓸어 내고 전등알까지 쓰다듬었다. 전등알에는 천장과 연하여 풀솜오리(누에고치로 만든 솜의 실오라기) 같은 거미줄이 얽혀 있었다.

비를 놓고 부채로 쇼윈도 안의 하루살이와 파리를 쫓아내는 그의 혈색 좋은 커다란 얼굴은 직사되는 광선에 번질번질 빛나 보였다.

그리고 그의 미간에 칼자국같이 깊이 잡힌 한 줄기의 주름살과 구둣솔을 잘라 붙인 듯한 거친 눈썹과 인중에 먹물같이 흐른 커다란 코 그림자는 산 사람의 얼굴이라기보다 얼굴의 윤곽을 도려낸 백지판에 모필(털붓)로 한 획씩 먹물을 칠한 것같이 보였다.

병일은 지금 보고 있는 이 얼굴이나 아까 보던 사진의 그것은 모두 조화되지 않은 광선의 장난이라고 생각하였다. 그리고 암흑한 적막 속에 잠겨들고 만, 옛 성문 누각의 한편 추녀 끝만을 적시는 듯이 보이던 빗발이 다시 한 번 병일의 머릿속에 떠올랐다.

이렇게 서서 의식의 문밖에 쏟아지는 낙숫물 소리에 귀를 기울이며 있는 병일이는 광선이 희화화한 쇼윈도 안의 초상이 한 겹 유리창을 격하여 흘끔흘끔 자기를 바라보고 있는 충혈된 눈을 마주 보았다.

변한 바람세에 휘어진 빗발이 그들이 격하여 서로 바라보고 있는 유리창에 뿌려져, 빗방울은 금시에 미끄러져서 길게 흘러내렸다.

"희화된 초상화에서 흐르는 땀방울!"

병일이는 의식적으로 이러한 착각을 꾸며 보았다. 지금껏 자기를 흘끔흘끔 바라보는 그 충혈된 눈에 작은 반감을 가졌던 것이었다.

비에 놀란 듯한 얼굴은 쇼윈도에서 사라졌다. 그리고 현관문이 열렸다.

현관을 열어 잡고 하늘은 쳐다보던 그는,

"비가 대단하구만요. 이리로 들어와서 비를 그으시지요. 자, 들어오세요."

하고 역시 하늘을 쳐다보고 서 있는 병일에게 말하였다.

그의 적삼 아래로는 뚱뚱한 배가 드러나 보였다. 가차없이 비를 쏟치고 있는 푸렁덩한 하늘같이 그의 내민 배가 병일의 조급한 신경을 거슬렸으나, 처음 보는 사람에게 이같이 친절한 것은 둥실한 그 배의 성격이거니 생각하며 권하는 대로 현관문 안에 들어섰다.

그는 병일에게 의자를 권하고 이어서 휘파람을 불면서 조금 전에 떼어 들었던 판장에서 사진들을 떼기 시작하였다.

함석 지붕에 떨어지는 빗소리는 어수선한 좁은 방 안을 침울하게 하였다.

구둣솔을 잘라 붙인 듯한 눈썹을 찌푸려서 미간의 외줄기 주름살은 더욱 깊어지고, 두드러진 입술에서 새어 나오는 휘파람 소리는 날카롭게 들렸다.

병일이는 빗소리에 섞여 오는 휘파람 소리를 들으며 테이블 위에 놓인 앨범을 뒤적이고 있었다.

"금년에는 비가 많이 올걸요."

휘파람을 불다 말고 사진사는 이렇게 말을 건네며 병일이를 쳐다보았다.

"글쎄요……?"

"두고 보시우. 정녕코 금년에는 탕수(홍수)가 나고야 맙네다."

"……글쎄요 ……?"

병일이는 역시 이렇게 대답할밖에 없었다.

"서문의 문지기 구렁이가 현신(몸을 드러냄)을 했답니다."

"……?"

말없이 쳐다만 보고 있는 병일에게 어떤 커다란 사변의 전말이나 설명하듯이 그는 일손을 멈추고,

"어젯저녁에는 비가 부슬부슬 오실 때——."

하고 말을 시작하였다.

어떤 사람이 우산을 받고 서문 안으로 들어갈 때에 누각 기왓장이 우산을 스치고 발 앞에 철썩철썩 떨어졌다. 그래 쳐다본즉, 그 넓은 기왓골에 십여 골이나 걸친 큰 구렁이가 박죽 같은 머리를 내두르고 있었다고 한다. 사람들은 모여들었다. 그 중에 날쌘 젊은이가 올라가서 잡으려고 하였다. 노인들은 성문지기 구렁이를 해하면 재변이 난다고 야단쳤다. 갈기려는 채찍을 피하여 달아나는 구렁이를 여기 간다 저기 간다 하며 잡지 말라는 노인들을 둘러싼 젊은이들은 문루에 올라간 사람을 지휘하며 웃고 떠들었다. 마침내 구렁이는 수많은 기왓골 틈으로 들어가 숨고 말았다. 안심한 노인들은, 분한 것 놓쳤다고 떠드는 젊은이들 틈에서 이 여름에는 무서운 홍수가 나리라고 걱정하였다고 한다.

　"노인들의 증험이 틀리지 않습네다."

하고 그의 말은 끝났다.

　"글쎄요."

　병일이는 이렇게 꼭 같은 대답을 세 번이나 뇌기가 미안하였다. 그렇다고 '설마 그럴라구요' 하였다가 이 완고한 젊은이의 무지와 충돌하여 부질없는 이야기가 벌어지게 되면 귀찮은 일이다.

　그 때에 현관문으로 작은 식함(음식 담은 함지)이 들어왔다. 오늘 만든 듯한 새 사진을 붙이고 있던 주인은 일감을 밀어 치우고, 식함에 놓인 술병과 음식 그릇을 테이블 위에 받아 놓고 의자를 당겨 앉으며,

　"자, 우리 같이 먹읍시다. 이미 청하였던 것이지만."

하고 술을 따라서 병일에게 건네었다.

　병일은 코끝에 닿을 듯한 술잔을 피하여 물러앉으며,

　"미안합니다만 나는 술을 먹지 않습니다."

하고 거절하였다.

　"그러지 마시구, 자 한잔 드시우. 자, 이미 권하던 잔이니 한 잔

만……."

아직 인사도 안한 그가 이렇게 치근스럽게(끈질기게) 술을 권하는 것이 불쾌하였다. 그래서 여러 번 거절하여 보았다. 그러나 이렇게 굳이 권하는 것은 이런 사람들의 호의로 생각할밖에 없었고, 더구나 돌아가는 잔이라든가 권하던 잔이라든가 하는 술꾼들의 미신적 습관을 짐작하는 병일이는 끝끝내 거절할 수가 없었다.

마지못해서 받아 마시고는 잔을 그의 앞에 놓았다. 술을 따라서 잔을 건네면 이 술추렴에 한몫 드는 셈이 되겠는 고로 빈 잔을 놓은 것이었다.

"자——, 이걸 좀 뜨시우. 이미 청하였던 음식이라 도리어 미안하웨다만……."

이렇게 말하며 일변 손수 술을 따라 마시면서 초계탕 그릇을 병일에게로 밀어 놓는다.

"자, 좀 뜨시우."

이렇게 다지고 그는 안으로 들어가서 은수저 한 벌을 더 가지고 나와서 자기가 마침 떠 먹으며,

"어,——시원해, 하루 종일 밥벌이하느라고 꾸벅꾸벅 일하다가 이렇게 한잔 먹는 것이 제일이거든요."

이러한 주인의 말에 병일이는 한 번 더,

"글쎄요."

하는 말이 나오려는 것을 누르고,

"피곤한 것을 잊게 되니깐 좋을 것입니다."

이렇게 동정하는 병일의 대답에 사진사는,

"참 좋아요. 아시다시피 사진 영업이라는 것은 기술이니만치 뼈가 쏘게 힘드는 일은 아니지만, 매일 암실에서 눈과 뇌를 씁니다그려. 그

러다가 이렇게 한 잔……."

하며 그는 손수 술을 따라 마시고 나서,

"일이 그렇게 많습니까?"

하고 묻는 병일에게 잔을 건네며,

"그저 심심치 않지요. 또 혹시 일이 없어서 돈벌이를 못한 날이면 술을 안 먹고 자고 마니까요. 하하."

이렇게 쾌하게 웃으며 연하여 술을 마시는 오늘은 돈벌이가 많았던 모양이었다.

병일이도 그가 권하는 대로 술잔을 받아 마시었다. 다소 취기가 돈 듯한 사진사는 병일의 잔에 술을 따르며,

"참, 하시는 사업은 무엇이신가요? 하긴 우리——피차에 인사도 안 했것다. 그러나 나는 선생이 늘 이 앞으로 지나시는 것을 보았지요. 이렇게 합석하기는 처음이지만. 나는 저——이칠성이라고 불러 주시우. 그리구 앞으로 많이 사랑해 주시우."

이같이 기다란 인사가 끝난 후에 사진사는 병일이를 긴 상이라고 불러 가며 더욱 친절히 술을 권하면서,

"긴 상두 독립적으로 사업을 시작하시우. 나두 어려서부터 요 몇 해 전까지 월급 생활을 했지만……."

하고 자기의 내력을 말하기 시작하였다.

병일이는 방금 말한 자기의 직업적 지위와 대조하여 사진사가 이같이 갑자기 선배연하는 태도로 말하는 것이 역하였다.

그래서 그의 내력담에 경의를 가지기보다도 그와 이렇게 마주 앉게 된 것을 후회하면서 일종의 경멸과 불쾌감으로 들었다.

내력담으로 추측하면 지금 그의 나이는 스물다섯이나 여섯일 것이다.

그가 3년 전에 비로소 이 사진관을 시작하기까지 열세 살부터 십여

년 동안 그의 직공은 그의 사진술(?)과 지금 병일의 눈앞에 보이는 이 독립적 사업으로 나타났다는 것이었다.

내력담을 마친 그는 등 뒤의 장지문을 열어젖히며,

"여기가 사장입니다."

하고 병일이를 돌아보며 일어서서 안내하였다.

사장(사진 찍는 기술이 갖추어진 곳) 안의 둔각으로 꺾인 천장의 한 면에 유리를 넣었다. 유리 천장 밖으로 보이는 하늘은 캄캄하였다. 그리고 거기 내리는 빗소리는 여운이 없이 무겁게 들렸다.

맞은벽에는 배경이 걸려 있었다. 이편 방 전등빛에 배경 앞에 놓인 소파의 진한 그림자가 회색으로 그린 배경 속 나무 위에 기대어졌다.

그리고 그 소파 앞에 작은 탁자가 서 있고, 그 위에는 커다란 양서 한 권과 수선화 한 분이 정물화같이 놓여 있었다.

사진사는 사장 안의 전등을 켜고 들어가서 검은 보자기를 씌운 사진기를 만지며,

"설비라야 별것 없지요. 이것이 제일 값가는 것인데 지금 사려면 삼 백오륙십 원은 줘야 할 겝니다. 그 때도 월부로 샀으니깐 그 돈은 다 준 셈이지만……"

하고 자기가 소사로부터 조수가 되기까지 십여 년 간이나 섬긴 주인이 고맙게도 보증을 해 주어서 그 사진기를 월부로 살 수가 있었다는 것과 지난 봄까지 대금을 다 치렀으므로 이제는 완전히 자기 것이 되었다는 것을 가장 만족한 듯이 설명하였다.

그리고 전등을 끄고 나오려던 사진사는 다시 어두워진 사장 안에 묵화 같은 수선화를 보고 섰는 병일의 어깨를 치며,

"참, 여기만 해도 어수룩합네다. 배경이라고는 저것밖에 없는데 여기 손님들은 저 산수 배경 앞에 걸터앉아서 수선화를 앞에 놓고, 넌지시

책을 펴들고 백이거든요."

하고 큰 소리로 웃었다. 자리에 돌아온 그가,

"차차 배경도 마련해야겠습니다."

하는 것으로 보아서 결코 그는 자기의 직업적 안목으로 손님들을 웃어주는 것이 아니요, 이것저것 모든 것이 만족하여서 견딜 수가 없다는 웃음으로 병일이는 들었다.

부채로 식히고 있는 그 얼굴의 칼자국 같은 미간의 주름살도 거진 펴진 듯이 보이었다.

사진사는 더욱더욱 유쾌하여지는 모양이었다. 그것이 술 취한 그의 버릇인지——그는 아까부터 바른손으로 자기의 바른편 귀쪽을 잡아 훑으며 수다스럽게 이야기를 벌이고 있었다.

병일이는 작은 귤쪽같이 빨개진 사진사의 바른편 귀를 바라보면서, 하품을 하며 듣고 있었다.

사진사는 다시 한 번 귀쪽을 잡아 훑으며,

"긴 상은 몸이 강해서 그다지 더운 줄을 모르겠군요? 나는 술살인지 작년부터 몸이 나기 시작해서——제기, 더웁기라니——노인들의 말씀같이 부해져서 돈이나 많이 모으면 몰라도 밤에……."

하고 그는 적삼 아래 드러난 배를 쓸면서 병일이에게는 아직 경험 없는 침실의 내막을 이야기하고 큰 소리로 웃었다. 그리고 얼굴이 붉어진 병일이를 건너다보며, 어서 장사를 시작하고 하루바삐 장가를 들어서 사람 사는 재미를 보도록 하라고 타이르듯이 말하였다.

병일이는 '사람 사는 재미라니? 어떻게 살아야 재미나게 살 수 있느냐?'고 사진사에게 물어보고 싶기도 하였으나, 들어야 땀내 나는 그 말이려니 생각되어 다시 한 번 '글쎄요?'를 뇌이고 기지개를 켜면서 시계를 쳐다보았다.

10시가 지난 여름밤에——. 어느덧 빗소리도 가늘어졌다.

비가 멎기를 기다려서 가라고 붙잡는 사진사에게 내일 다시 오기를 약조하고 우산을 빌려 가지고 나섰다.

몇 걸음 안 가서 돌아볼 때에는 쇼윈도 안의 불은 이미 꺼졌다. 캄캄한 외짝 거리의 점포들은 모두 판장문이 닫혀 있었다. 문틈으로 가늘게 새어 나오는 불빛에 은사실 같은 빗발이 지우산 위에서 소리를 낼 뿐이었다.

얼굴을 스치는 밤 기운과 손등을 때리는 물방울에 지금까지 흐려졌던 모든 감각이 일시에 정신을 차리는 것 같았다.

빈 터 초평에서 한두 마디의 청개구리 소리가 들려왔다. 병일이는 걸음을 멈추고 귀를 기울였다. 얼마 기다려서야 맹꽁맹꽁 우는 소리를 한두 마디 들을 수가 있었다.

때리는 빗방울에 눈을 끔벅이면서 맹꽁맹꽁 울 적마다 물에 잠긴 흰 뱃가죽이 흐물거리는 청개구리를 눈앞에 그려 보았다.

청개구리의 뱃가죽 같은 놈! 문득 이런 말이 나오며 병일이는 자기도 모를 사진사에게 대한 경멸감이 떠올랐다.

선득선득하고 번질번질한 청개구리의 흰 뱃가죽을 핥은 듯이 입 안에 게금한 침이 돌아서 발걸음마다 침을 뱉었다. 그리고 숨결마다 코앞에 서리는 술내가 역하여서 이리저리 얼굴을 돌리는 바람에 그의 발걸음은 비틀거렸다.

내가 취하였는가? 하는 생각에 그는 정신을 차렸으나 떼어 놓는 발걸음마다 철벅철벅하는 진흙물 소리가 자기 외에 다른 누가 따라오는 듯하여 자주 뒤를 돌쳐보기도 하였다.

청개구리의 뱃가죽 같은 놈! 하는 생각에 그는 자주 침을 뱉으며 좁은 골목에 들어섰다.

거기는 빗소리보다도 좌우편 집들의 처마에서 떨어지는 낙숫물 소리가 어지럽게 들렸다.

동편 집들의 뒷담은 무덤과 같이 답답하게 돌아앉아 있었다. 문을 열어 놓은 서편 집들의 어두운 방 안에서는 후끈한 김이 코를 스치고 아이들의 울음소리와 여인들의 잠꼬대 소리가 들렸다.

그리고 간혹 작은 칸델라를 켜 놓은 방 안에는 마른 지렁이 같은 늙은이의 팔다리가 더러운 이불 밖에서 움직이며 가래 걸린 말소리와 코고는 소리가 들리기도 하였다.

병일이는 아침에나 초저녁에는 볼 수 없던 한층 더 침울한 이 골목에 들어서 좌우편 담에 우산을 부딪히며 이것이 사람 사는 재미냐? 흥, 청개구리의 뱃가죽 같은 놈! 이렇게 중얼거리며 다시 침을 뱉으며 걸었다.

뒤에서 찔릉찔릉 하는 종소리가 들렸다. 누렇게 비치는 초롱을 단 인력거가 오고 있었다.

병일이는 비칠거리는 걸음으로 앞서기가 싫어서 한편으로 길을 비끼고 섰다. 가까이 온 인력거의 초롱은 작은 갓모 같은 우비 아래서 덜덜 떨고 있었다. 반쯤 기운 병일의 우산 끝을 스치고 지나가는 인력거 안에서,

"아이 참, 골목두 이렇게 좁아서야."

하고 두세 번 혀를 차는 소리가 들렸다.

"아씨두 이전 아랫거리에 큰 집이나 한 채 사시고 가셔야지요."

인력거꾼이 숨찬 말소리로 이렇게 말하자,

"아이, 어느 새, 머——."

하는 기생의 말소리가 그치었으나 캄캄한 호로 안에서 그 대꾸를 들으려고 귀를 갸웃하고 기다리는 양이 상상되는 음성이었다.

"왜요, 아씨만 하구서야——."

이렇게 하던 말을 채 마치지 못하고 숨이 찬 인력거꾼은 한 손으로 코를 풀었다.

"그렇지만 큰 집 한 채에 돈이 얼마기……."

이렇게 혼잣말같이 하는 기생의 말소리는 금시에 호젓한 맛이 있었다. 인력거꾼은,

"아씨같이 잘 불리우면 삼사 년이면 그것쯤이야……."

하고 기생을 위로하듯이 아까 하던 말을 이었다. 그러나 호로 안에서는 잠깐 잠잠하였다가,

"수다(많은) 식구가 먹고 입고 사는 것만 해두 여간이 아닌데."

하는 기생의 말소리는 더욱 호젓하였다. 인력거꾼도 말을 끊었다. 초롱불에 희미하게 비치는 진흙물에 떼어 놓는 발걸음 소리만이 무겁게 들렸다.

인력거는 작은 대문 앞에 멎었다. 컴컴한 처마끝에는 빗물이 맺혀서 듣고 있는 동그란 문등이 흰 포도알같이 작게 비치고 있었다.

인력거에서 내린 기생은 낙숫물을 피하여 날쌔게 대문 안으로 들어갔다. 그리고 다시 대문 밖을 내다보며 인력거꾼에게,

"잘 가요."

하고 어린애같이 웃는 얼굴로 사라졌다.

병일이는 늙은 인력거꾼이 잡고 선 초롱불에 기생의 작은 손등을 반쯤 가린 낡은 솜과 동그란 허리에 감싸 올린 옥색 치마 위에 늘어진 붉은 저고리 고름을 보았다. 그것이 어린애와 같이 웃는 기생의 흰 얼굴과 어울려서 더욱 어리게 보였다.

그러나 이제 인력거꾼과 하던 말과 그 짧은 대화의 끝을 큼비한 생활고의 독백으로 맞추던 그 호젓한 말씨는 결코 어린애의 말이라고 들을 수는 없었다.

대문 안에서 사라진, 미상불 갓 깐 병아리 같은 솜털이 있을 기생의 얼굴을 눈앞에 그리며 그의 이야기 소리가 귓가에 남아 있는 병일의 머릿속에는 어릴 때 손가락을 베였던 의액이 풀잎이 생각난다.

연하면서도 날카로운 의액이의 파란 풀잎이 머릿속을 스치고 사라지자 병일의 신경은 술에서 깨어나는 듯하였다. 돌아가는 인력거의 초롱불에 자기의 양복 바지가 말 못 되게 더럽힌 것을 발견하고 병일은 하염없는 웃음이 떠오름을 깨달았다.

하숙방에 돌아온 병일이는 머리맡에 널려 있는 책을 두겨서(포개어서) 베고 누웠다.

그는 천장을 쳐다보며 이 연래로 매일 걸어다니는 자기의 변화 없는 생활의 코스인 (오늘 밤 비 오는) 길에서 보고 들은 생활면을 다시 한 번 바라보았다.

그것은 새로운 것도 아니었다. 물론 진기한 것도 아니었다. 오히려 그 같은 것을 머릿속에 담아 두고서 생각하는 자기가 이상하리만치 평범하고 속된 것이었다. 그러나 그같이 음산하고 버려져 있는 현실은 산문적이면서도 그 산문적 현실 속에는 일관하여 흐르고 있는 어떤 힘찬 리듬이 보이는 듯하였다. 그리고 그 리듬은 엄숙한 비판의 힘으로 변하여 병일의 가슴을 답답하게 누르는 듯하였다.

내게는 청개구리의 뱃가죽만한 탄력도 없고 의액이 풀잎 같은 청기도 날카로움도 없지 않은가?

이러한 반성이 머릿속에 가득 찬 병일이는 용이히(아주 쉽게) 올 것 같지 않은 잠을 청하려고 눈을 감았다.

우울한 장마는 계속이 되었다. 그것은 태양의 얼굴과 창공과 대지를 씻어 낼 패기 있는 폭풍우를 그립게 하는 궂은 비였다.

이 며칠 동안에는 얼굴을 편 태양을 볼 수가 없었다. 혹시 비가 개는 때라도 열에 뜬 태양은 병신같이 마음이 궂었다.

오래간만에 맞은편 하늘에 비낀 무지개를 반겨서 나왔던 아이들은 수목 없는 거리의 처마 아래로 다시 쫓겨갈밖에 없었다.

밤하늘에는 별들도 대개는 불을 켜지 않았다. 쉴새없이 야수 떼 같은 검은 구름이 달렸다. 그리고는 또 비가 구질구질 내렸다. 빗물 고인 웅덩이에는 수없는 곤두벌레들이 끊어 낸 신경 줄기같이 꼬불거리고 있었다.

병일이는 요즈음 독서력을 전혀 잃고 말았다.

어느 날엔가 늦도록 《백치》를 읽다가 잠이 들었을 때에 도스토예프스키가 속 궁군 기침을 깃든 끝에 혈담(피 섞인 가래)을 뱉는 꿈을 꾸었다. 침과 혈담의 비말을 수염 끝에 묻힌 채 그는 혼몽해져서 의자에 기대고 눈을 감았다. 그의 검은 눈자위와 오므라진 뱀과 같은 검은 정맥이 늘어선 벗어진 이마 위에 솟친 땀방울을 보고, 그의 기진한 숨소리를 들으며 눈을 떴다. 그 때에 방 안에는 4시를 치려는 목종의 기름 마른 기계 소리만이 석걱석걱 들릴 뿐이었다.

이렇게 잠을 잃은 병일이는 《백치》 권두에 있는 작자의 전기를 다시 한 번 훑어보았다. 전기에는 역시 병일이가 기억하고 있는 대로 이 문호의 숙환으로는 간질의 기록만이 있을 뿐이었다.

도스토예프스키의 동양인 같은 수염에 맺혔던 혈담은 어릴 적 기억에 남아 있는 자기 아버지의 죽음의 연상으로 생기는 환상이라고 생각하였다.

근자에 병일이는 사무실에서 장부 정리를 할 때에도 혹시 후원에서 성난 소와 같이 거닐고 있는 니체가 푸른 이끼 돋친 바위를 붙안고 이마를 부딪치는 것을 상상하고 작은 신음 소리가 나오려는 것을 깨닫고는 몸서리를 치기도 하였다.

그럴 때마다 곁에서 담배를 피우며 신문을 뒤적이고 있는 주인을 바라볼 때 신문 외에는 활자와 인연이 없이 살아갈 수 있는 그들의 생활이 부럽도록 경쾌한 것 같았다. 사실 월급에서 하숙비를 제하고 몇 푼 안 남는 돈으로 탐내어 사들인 책들이 요즈음에는 무거운 짐같이 겨웠다.

활자로 박힌 말의 퇴적이 발효하여서 풍겨 오는 문학의 자극에 자기의 신경은 확실히 피곤하여졌다고 병일은 생각하였다.

피곤한 병일이는 사무실에서 돌아올 때마다 이 지리한 장마는 언제까지나 계속할 셈인가, 고 중얼거렸다.

지금부터는 마음대로 할 수 있는 '나의 시간' 이라고 생각하며, 돌아가는 길에 언제나 발을 멈추고 바라보는 성문을 요즈음에는 우산 속에 숨어서 그저 지나치는 때가 많았다. 혹시 생각나서 돌아볼 때에는 수없는 빗발에 씻기며 서 있는 누각을 박쥐조차 나들지 않았다. 전날 큰 구렁이가 기왓장을 떨어치었다는 말이 병일에게는 육친의 시체를 보는 듯한 침울한 인상을 주는 것이었다.

모기 소리와 빈대 냄새와 반들거리다가 새촘히 뛰어오르는 벼룩이가 기다릴 뿐인 바람 한 점 없는 하숙방에서 활자로 시꺼멓게 메워진 책과 마주 앉을 용기가 없어진 병일이는 어떤 유혹에 끌리듯이 사진관으로 찾아가게 되었다.

사진사도 병일이를 환영하였다. 그리고 거기는 술과 한담이 있었다.

여지껏 취흥을 향락해 본 경험이 없던 병일이는 자기도 적지 않게 마시고 제법 사진사와 같이 한담을 주고받을 수 있다는 것이 만족하게 생각되기도 하였다.

사진사가 수다스럽게 주워섬기는 이야기를 듣고 있는 동안에 병일이는 문득 자기를 기다릴 듯한, 어젯밤 펴 놓은 대로 있을 책을 생각하고 시계를 쳐다보기도 하였으나, 문밖의 빗소리를 듣고는 누구에게 대한 것인지도 모를 송구한 마음을 가라앉히는 것이었다. 그럴 때마다 그는 이야기에 신이 나서 잊고 있는 사진사의 잔을 집어서 거푸 마시었다.

밤 12시가 거진 되어서 하숙으로 돌아가는 병일이는 비를 맞는 것이 오히려 마음이 편하였다. '이것이 무슨 짓이냐!' 하는 반성은 갈라진 검은 구름 밖으로 보이는 별 밑에 한층 더하므로, '이 생활은 일시적이다. 장마의 탓이다.' 하는 생각을 오는 비에 핑계하기가 편하였던 것이다.

책상 앞에 돌아온 병일이는 '내 마음대로 할 수 있는 시간'이 모두 없어진 것을 새삼스럽게 느끼고 있는 자기를 발견하는 것이었다.

이른 아침 시간을 위하여 자야 할 병일이는 벌써 깊이 잠들었을 사진사의 코 고는 소리가 들리는 듯하여 잠이 오지 않았다.

요즈음 사진사는 술을 사양하는 때가 있었다. 손이 떨려서 사진 수정에 실수가 많으므로 얼마 동안 술을 끊어 볼 의사가 있다는 것이었다. 이 장마에 손님이 없어서 그이 역시 우울하게 지내는 모양이었다. 그러나 병일이가 술을 사서 권하면 서너 잔 후에는 이어 유쾌해지는 것이었다.

오늘도 유쾌해진 사진사가 병일에게 잔을 건네며,

"긴 상, 밤에는 무엇으로 소일하시우?"

하고 물었다.

전에는 사진사가 주워섬기는 화제는 대부분이 사진사 자신의 내력과 생활에 관한 이야기요 자랑이었다. 혹시 도를 지나치는 그의 살림 내정 이야기에 간혹 미안히 생각되는 때가 있었으나 마음놓고 들으며 웃을 수 있었던 것이었다.

그렇던 것이 이 며칠은 병일의 술을 마시는 탓인지 사진사는 병일의 생활을 화제로 삼으려는 것이 현저하였다.

병일이가 월급을 얼마나 받느냐고 물은 것이 벌써 그저께였다.

어젯밤에는 하숙비는 얼마나 내느냐고 물은 다음에——흐지부지 허튼 돈을 안 쓰는 '긴 상'이라 용처로 한 달에 기껏 6원을 쓴다 치고라도 한 달에 7, 8원은 저금하였을 터이니 이태 동안에 소불하(적어도) 200원은 앞세웠으리라고 계산하였다. 그 말에 병일이는 웃으며——글쎄, 그랬더라면 좋았을걸 아직 한푼도 저축한 것이 없다고 하였더니——내가 긴 상에게 돈 꾸려고 할 사람이 아니니 거짓말할 필요는 없다고 서두르다가——정말 돈을 앞세우지 못하였다면 그 돈을 무엇에다 다 썼을까고 대단히 궁금해하는 모양이었다.

사진사가 오늘 이렇게 묻는 것도 그러한 궁금증에서 나오는 말인 것을 짐작하는 병일이는 하기 싫은 대답을 간신히,

"갑갑하니까 그저 책이나 보지요."

하고 담배 연기를 핑계로 찡그린 얼굴을 돌리었다. 사진사는 서슴지 않고 여전히 병일이를 바라보며,

"책? 법률 공부하시우? 책이나 보시기야 무슨 돈을 그렇게……. 나를 속이시는 말인지는 모르지만 혼자서 적지 않은 돈을 저금도 안하고 다 쓴다니 말이 되오?"

이렇게 말하며 충혈된 눈을 더욱 크게 뜨고 병일이를 마주 보는 것이었다.

술이 반쯤 취한 때마다

"사람이란 것은……."

하고 흥분한 어조로 자기의 신념을 말하거나 설교를 하려 드는 것이 사진사의 버릇임을 이미 아는 바요, 또한 그 설교를 무심중 귀를 기울이고 들은 적도 있었지만 오늘같이 병일의 생활을 들추어서 설교하려 드는 것은 대단히 불쾌한 것이다.

술에 흥분된 병일이는 '그래, 댁이 무슨 상관이오?' 하는 말이 생각나기는 하였으나, 이런 경우에 잘 맞지 않는 남의 말을 빌리는 것 같아서 용기가 없었다.

그렇다고 '돈을 아껴서 책까지 안 산다면 내 생활은 무엇이 됩니까? 지금 나에게는 도서관에 갈 시간도 없지 않소? 그러면 그렇게 책은 읽어서 무엇 하느냐고 묻겠지만, 나 역시 무슨 목적이 있어서 보는 것은 아닙니다, 하고는 어떻게 살아야 후회 없는 일생을 살 수 있는가? 하는, 즉 사람에게는 사람이란 무엇인가? 하는 의문이 있다는 것을 알고 나도 그것을 알아보려고 한 적도 있었지만, 지금은 고학도 할 수 없이 된 병약한 몸과 이 연래로 주인에게 모욕을 받고 있는 나의 인격과 울분한 반항이——말하자면 모두 자기네 일에 분망한 세상에서 나도 내 생활을 위하여 몰두하는 시간을 가져 보겠다는 것이 나의 독서요.' 하고 이렇

게 말한다면 말하는 자기의 음성이 떨릴 것이요, 그 말을 듣는 사진사는 반드시 하품을 할 것이라고 생각한 병일이는 하염없는 웃음을 웃고 나서,

"그럼, 나도 책 사는 돈으로 저금이나 할까? 책 대신 매달 조금씩 늘어 가는 저금 통장을 들여다보는 것으로 낙을 삼구……."

"아무렴, 그것이 재미지――적소성대라니."

이렇게 하는 사진사의 말을 가로채어서,

"하하, 시간을 꺼꾸루 보아서 10년 후의 1,000원을 미리 기뻐하며, 하하."

하고 웃고 난 병일이는 아까부터 놓여 있는 술잔을 꿀꺽 마시고 사진사의 말을 막으려는 듯이 곧 술을 따라 건네었다.

술잔을 받아 든 사진사는 치가 있는 듯한 병일의 말에 찔린 마음이 병일의 공소한(텅 빈) 웃음소리에 중화되려는 쓸개 빠진 얼굴로 병일이를 바라보다가 체신을 차리려고 호기 있게 눈을 굴리며,

"10년도 잠깐이요. 돈을 모으며 살아도 10년, 허투루 살아도 10년인데 같은 값이면 우리두 돈 모아서 남과 같이 살어야지……."

하는 사진사의 말을 받아서,

"누구와 같이? 어떻게?"

하고 대들 듯이 묻는 병일의 눈은 한순간 빛났었다.

들어야 그 말이지, 하고 생각하여 온 병일이는 이 때에 발작적으로 사진사가 꿈꾸는 행복이 어떤 것인가를 듣고 싶었던 것이었다.

"아니, 누구같이라니! 자, 긴 상, 내 말 들어 보소. 자, 다른 말 할 것 있소? 셋집이나 아니구 자그마하게나마 자기 집에다 장사면 장사를 벌이구 앉어서, 먹구 남는 것을 착착 모아 가는 살림이 세상에 상(가장 큰) 재미란 말이오."

하고 그는 목을 축이듯이 술을 마시고 병일에게 잔을 건네며,

"이제 두구 보시우. 내가 이대루 3년만 잘 하면 집 한 채를 마련할 자신이 꼭 있는데 그 때쯤이면 내 큰아들놈이 학교에 가게 된단 말이오. 살림집은 유축(구석)이라도 좋으니 학교 갔것다, 집을 사고서 사진관은 큰 거리에다 번쩍하게 벌이고 앉히면 보란 말이오. 그렇게만 되면 머——최창학이, 누구누구 다 부러울 것이 없단 말이오."

하고 가장 쾌하게 웃었다. 쾌하게 웃던 사진사는 잔을 든 채로 멀거니 자기를 바라보고 있는 병일의 눈과 마주치자 멋쩍게 웃음을 끊었다가 그럴 것 없다는 듯이 다시 웃음을 지어 웃으며,

"어떻소? 긴 상, 내 말이 옳소, 글소? 하하하."

하며 병일이가 들고 있는 술잔이 쏟아지도록 그의 어깨를 잡아 흔들었다.

병일이는 잔 밑에 조금 남은 술방울을 혓바닥에 척 돌려서 쓴맛을 맛보듯이 마시고 잔 밑굽으로 테이블에 작은 소리를 내며,

"글쎄요."

하고 얼굴을 수그리며 대답하였다.

사진사는,

"글쎄요라니?"

하니 병일의 대답이 하도 시들함을 나무라는 모양으로,

"긴 상은 도무지 남의 말을 곧이 안 듣는 것이 병이거든. 그리구 내가 보기엔 긴 상은 돈 모으고 세상살이할 생각은 않는 것 같단 말이야."

이렇게 말하는 사진사는 자기의 말을 스스로 긍정하는 태도로 병일이를 건너다보며 머리를 건득였다.

병일이도 사진사의 말을 긍정할밖에 없었다.

사진사의 설교가 아니라도 이러한 희망과 목표는 이러한 사회층(물론

병일 자신도 운명적으로 예속된 사회층)에 관념화한 행복의 목표라는 것을 모르는 바가 아니었다.

　이러한 사회층의 일평생의 노력은 이러한 행복을 잡기 위한 것임을 어느 때 어느 곳에서나 늘 보고 듣는 것이었다. 그러나 병일이는 이러한 것을 진정한 행복이라고 믿을 수는 없는 것이었다. 그렇다고 나의 희망과 목표는 무엇인가고 생각할 때에는 병일의 뇌장은 얼어붙은 듯이 대답이 없었다. 이와 같이 별다른 희망과 목표를 찾을 수 없으면서도 자기가 처하여 있는 사회층의 누구나 희망하는 행복을 행복이라고 믿지 못하는 이유도 알 수 없는 것이었다.

　희망의 목표를 향하여 분투하고 노력하는 사람의 물결 가운데서 오직 병일이 자기만이 지향 없이 주저하는 고독감을 느낄 뿐이었다. 다만 일생의 목표를 그리 소홀하게 결정할 것이 아니라고 간신히 자기에게 귓속말을 하여 보는 것이었다.

　이러한 귓속말에 비하여 사진사의 자신 있는 말은 얼마나 사진사——자신을 힘 있게 격려할 것인가? 더욱이 누구나 자기의 희망과 포부는 말로나 글로나 자라나고 있을 때보다 훨씬 빈약해 보이는 것이요, 대개는 정열과 매력을 잃고 마는 것인데, 이 사진사는 그 반대로 자기 말에 더욱더욱 신념과 행복감을 갖는 것을 볼 때 그는 참으로 행복스러운 사람이라고 생각할밖에 없었다.

　이렇게 사진사를 행복자라고 생각하는 병일이는 그러한 행복 관념 앞에 여지없이 굴복하는 듯하였다. 그러나 진심으로 그 행복 관념에 복종할 수 없었다. 그러면 자기는 마치 반역하는 노예와 같이 운명이 내리는 고역과 매가 자기에게는 한층 더 심할 것이라고 생각되었다.

　병일이는 이렇듯이 한 발걸음이나마 자신 있게 내짚을 수 있는 명일의 계획도 세우지 못하고 오직 가혹한 운명의 채찍 아래서 생명의 노예가 되어 언제까지 살지도 모를 일생을 생각하매, 깨어날 수 없는 악몽에서 신음하듯이 전신에 땀이 흐르는 것이었다. 이러한 강박 관념에 짓눌려서 멀거니 앉아 있는 병일에게,

"참말 나, 긴 상에게 긴히 부탁할 말이 있는데……."

하고 사진사는 병일이를 마주 보는 것이었다. 사진사의 말과 시선에 부딪힌 병일이는 한 장 벌꺽 뒤치어 새 그림을 대한 듯한 기름기 있는 큰 얼굴에 빙그레 흘린 웃음을 바라보았다.

"긴 상, 여기 신문사 양반 아는 이 있소?"

하며 전에 없이 긴한 표정으로 사진사는 물었다.

"없어요."

하고 대답하는 병일이가 예기한 이상으로 사진사는 재미없다는 입맛을 다시고 나서,

"사람이라는 것은 할 수만 있으면 교제를 널리 할 필요가 있어."

하고 병일이를 쳐다보며,

"긴 상도 누구만 못지않게 꽁생원이거든!"

이렇게 말하고 이어서 하하 웃었다.

웃고 난 사진사는 말마다 '신문사 양반' 이라고 불러 가며, 여기 유력한 신문 지국의 '지정 사진관' 이라는 간판을 얻기만 하면 수입도 상당하거니와 사진관으로서는 큰 명예가 된다고 기다랗게 설명을 하였다.

일전에 지방 잡신으로 서문루에 길이 석 자 가량 되는 구렁이가 나타나서 작은 넌센스 소동을 일으켰다는 기사를 보고, 작은 것을 크게 보도하는 것이 신문 기자의 책임이거든, 옛날부터 있는 성문지기 구렁이를 석 자밖에 안 된다고 한 것은 무슨 얼빠진 수작이냐고 사진사는 대단히 분개하였던 것이었다.

"전부터 별러 온 것이지만 왜 지금 갑자기 이런 말을 하는가 하

면……기회가……."

하고 사진사는 의논성 있게 한층 말소리를 낮추며,

"×××사진관 주인이(전에 말한, 이전에 자기가 섬기던 주인이라고 그는 주를 달았다.) 오랜 해수병으로 오늘내일 하는 판인데 그 자리가 성 안 사진관치고도 그만한 곳이 없고, 게다가 완전한 설비도 있는 터이라, 이 기회에 유력한 신문 지국의 지정 간판만 얻어 가지고 가게 되면 남부러울 것이 없거든요."

하고 말을 이어서,

"자, 그러니 이 기회에 긴 상이 한 번 수고를 아끼지 않고 지정 간판을 얻도록 활동해 주시면……."

하는 사진사의 말에 병일이는,

"이 기회라니……그 사진관 주인이 딱 언제 죽는대요?"

하고 빙그레 웃었다.

"아이, 긴 상두, 원. 그렇게 내가 긴 상은 남의 말을 곧이 안 듣는다고 하는 게오. 오늘내일 하는 판이라구 안 그러우. 설사 날래 끝장이 안 난대두 지정 간판은 지금 여기다 걸어도 좋으니깐 달리 생각하지 마시고 좀 힘을 써 주시구려."

하고 사진사는 마시는 술잔 너머로 병일이를 슬쩍 훑어보았다. 병일이는 그러한 눈치가 싫었다. 그는 사진사의 눈치를 피하며 담뱃내를 천장으로 길게 뿜으며,

"천만에, 달리 생각하는 게 아니지. 나도 학생 시대에 테니스를 할 때에 세컨드 플레이가 되어서 남이 하는 게임이 속히 끝나기를 초조하게 기다린 경험이 있으니까요. 하하하."

하고 과장한 웃음을 웃었다.

"아무렴! 세상 일이 다 그렇구말구."

하고 사진사는 유쾌하게 껄껄 웃었다. 그리고 병일의 손목을 잡아 흔들며——친구의 친구로 다리를 놓아서라도 '신문사 양반'에게 부탁하여 '지정 간판'을 얻도록 하여 달라고 신신 부탁을 하는 것이었다.

내일도 또 오라는 사진사의 인사를 들으며 행길에 나선 병일은 머리가 아프고 말할 수 없이 우울하였다.

병일이가 돌아볼 때에는 사진관 쇼윈도의 불은 이미 꺼졌다. 사진사를 처음 만났던 밤에 우연히 돌아보았을 때 꺼졌던 불은 청개구리 소리를 듣던 곳까지 와서 돌아보면 언제나 꺼지던 것이었다. 병일이가 하숙으로 돌아가는 시간도 거진 같은 때였지만 쇼윈도의 불은 병일의 발걸음을 몇 걸음까지 세듯이 일정한 시간 거리를 두고 꺼지는 것이었다.

병일이는 으레히 꺼졌을 줄 알면서도 돌아볼 때마다 그 불은 이미 꺼졌던 것이었다.

어떤 때——유쾌하게 취한 병일이는 미리 발걸음을 멈추고, 이제 쇼윈도의 불이 꺼지려니 하고 기다리다가 정말 꺼지는 불을 보고는 '아니나다를까' 하고 웃은 적도 있었다.

쇼윈도의 불이 꺼졌을 때마다 이 하루의 일을 완전히 필한(마친) 그들이 그들의 생활의 순서대로 닫쳐 놓은 막 밖에 홀로이 서 있는 듯이 생각되는 병일이는 한없이 고적한 것이었다.

오늘따라 심히 아픈 병일의 머릿속에는 '사진사는 벌써 잘 것이다.' 하는 생각만이 자꾸자꾸 뒤대어 반복되었다. 자기도 모르게 그 생각을 입속으로 중얼거리고 있는 것을 알았다.

어느덧 좁은 골목에 들어섰을 때에 빗물이 맺혀 듣고 있는 동그란 문등이 달린 대문을 두드리며, '난홍이, 난홍이!' 하고 부르는 사람이 보였다.

처마 그림자 밖으로 보이는 고무 장화가 전등빛에 기다랗게 빛나며 나란히 서서 움직이지 않았다. 그리고 조심스럽게 대문을 두세 번 통통 두드리고는 역시 조심스러운 목소리로 '난홍이, 난홍이!' 하고 불렀다. 부르고는 가만히 소식을 기다리는 눈치였다. 그 때마다 병일이도 귀를 기울였다. 그리고 웬 까닭인지 마음이 두근거림을 깨달았다.

대문을 두드리고 '난홍이'를 부르고 귀를 재우고 기다리기를 몇 차례나 하였으나 종내 소식이 없었다. 할 수 없이 단념한 그 사람은 돌아섰다. 그와 마주 서게 된 병일이는, 멍하니 서 있는 자기의 얼굴을 가로 베이듯이 날카로운 시선이 번쩍 스칠 때 겨우 그 사람이 코 아래 팔자 수염을 보았을 뿐이었다. 머리를 숙이고 도망하듯이 하숙으로 달려온 병일이는 이불을 뒤쓰고 누웠다. 신열이 나고 전신이 떨렸다.

신열로 며칠 앓고 난 병일이는 여전히 그 길을 걸으면서도 한 번도 사진사를 찾지 않았다. 한때는 자기가 사진사를 찾아가는 것은 마치 땀 흘린 말이 누워서 뒹굴 수 있는 몽당판을 찾아가는 듯한 것이라고 생각한 적도 있었다. 그러나 그 곳도 마음 놓고 뒹굴 수 있는 곳은 아니었다.

피부면에까지 노출된 듯한 병일의 신경으로는 문어의 흡반같이 억센 생활의 기능으로서의 신경을 가진 사진사의 생활면은 도리어 아픈 곳이었다.

이같이 사진사를 찾지 않으려고 생각한 병일이는 매일 오고가는 길에 사진관 앞을 지날 때마다 마음이 불안하였다. 그렇게 매일같이 찾아가던 자기가 갑자기 발을 끊는 것을 사진사는 나무랍게 생각할 것 같았다. 그보다도 병일이 자신이 미안하였다. 자기를 사랑하던(?) 사진사의 호의를 무시하는 행동같이도 생각되었다. 자기가 그를 찾지 않는 이유를 모르는 사진사는 그가 부탁하였던 '지정 간판'이 짐스러워서 오지 않는 것같이 오해하지나 않을까? 그렇다고 자기가 사진사를 피하는 진정한 심정을 소설 중의 주인공이 아닌 자기로서 그 역시 소설 중의 인물이 아닌 사진사에게 어떻다고 말할 수도 없는 것이었다.

이같이 생각하던 병일이는 마침내 이렇게 짐스러운 관심 때문에 자기 생활 중에서 얻기 힘든 사색의 기회를 주는 이 길 중도에 무신경하게 앉아 있는 사진사의 존재를 귀찮게 생각하기도 하였다. 아침에는——물론 사진관 문이 닫혀 있었다. 어젯밤에도 혼자서 술을 먹고 아직 자고 있는가? 하긴 새벽부터 가게문을 열 필요는 없는 영업이니까! 하고 생각하였다. 그러나 저녁에는——열린 문 안에 혹시 사람의 흰 그림자가 보일 때마다 길에 걸쳐 놓은 뱀의 시체나 뛰어넘듯이 머리 밑이 쭈뼛하였다.

무슨 까닭인지 근자에 며칠 동안은 아침이나 저녁이나 사진관의 문이 닫혀 있었다.

이렇게 연 며칠을 두고 더운 여름 밤에 문을 닫고 있는 사진사의 소식이 궁금하기도 하였다. 한번 찾아 들어가서 만나보고 싶기도 하였으나 그리 신통치도 않았던 과거를 되풀이하여서는 무엇하리——하는 생각에 닫힌 문을 요행으로 알고 달렸다.

이렇게 지나기를 한 주일이나 지나친 어느 날이었다. 오래간만에 비 개인 아침에 병일이는 사무실 책상 앞에서 신문을 보고 있었다.

평양에 장질부사가 유행하여 사망자 다수——라는 커다란 제목이 붙은 기사를 읽어 내려가다가 부립 P병원에 수용되었다가 죽었다는 사람의 씨명 중에 이칠성이라는 세 글자를 보았다. 병일이는 자기의 눈을 의심하였으나 주소와 직업으로 보아서 그것은 칠성사진관 주인인 이씨임에 틀리지 않았다.

병일이는 지금껏 자기 앞에서 이야기를 하여 들려 주던 사람이 하던 이야기를 맞추지 않고 슬쩍 나가 버린 듯이 허전함을 느꼈다. 그 이야기는 영원히 중단된 이야기로 자기의 기억에 남을 것이라고 생각되었다. 병일이는 뒤대어 오는 전화의 수화기를 떼어 들고 메모에 연필을 달리면서도 대체 사람이란 그런 것인가 하는 생각에, 받은 전화에 말을 잊게 되어——미안하시지만 다시 한 번——하고 물었다.

병일이는 사진사를 조상할 길이 없었다. 다만 멀리 북쪽으로 바라보이는 창광산 화장(화장터)에서 떠오르는 검은 연기를 바라보았을 뿐이었다.

그 이튿날 아침에 사진관 앞에서 이삿짐을 실은 구루마가 떠나는 것을 보았다.

계집애인 듯한 어린것을 등에 업고 오륙 세 된 사내아이 손목을 잡은 젊은 여인이 짐 실은 구루마의 뒤를 따라가고 있는 것을 보았다.

병일이는 그것이 사진사의 유족인 것을 짐작하였다.

병일이는 뒤로 따라가다가 그들이 서문통 안으로 사라질 때까지 바라보고 있었다.

그들이 보이지 않게 되었을 때 병일이는 공장으로 가면서——산 사람은 아무렇게라도 죽을 때까지는 살 수 있는 것이니까——이렇게 중얼거리며 그는 자기가 어렸을 때 부모상을 당하고 못 살 듯이 서러워하였던 생각을 하였다.

저녁에 돌아갈 때에는 현관의 문등은 이미 없어졌다. 그리고 역시 불이 꺼진 쇼윈도 안에는 사진 대신에 '셋집'이라고 크게 쓴 백지가 비스듬히 붙어 있었다.

어느덧 장질부사의 흉스럽던 소식도 까라지고 말았다. 홍수도 나지 않고 지리하던 장마도 이럭저럭 끝날 모양이었다. 병일이는 혹시 늦은 장맛비를 맞게 되는 때가 있어도 어느 집 처마로 들어가서 비를 그으려고 하지 않았다. 노방의 타인은 언제까지나 노방의 타인이기를 바랐다.

그리고 지금부터는 더욱 독서에 강행군을 하리라고 계획하며 그 길을 걸었다.

박태원

소설가 구보 씨의 일일

수 염

지은이

1909~1990년. 서울에서 출생. 호는 구보. 호세이대학 예과를 중퇴했다. 이
광수에게 문학 수업을 받았고, 〈수염〉을 발표하면서 정식으로 등단했다.
1933년, '구인회'에 가입해 모더니즘을 대표하는 작가로 활동했다. 광복 전
에는 지식인의 내면을 탐구한 작품이나 서민들의 생활을 묘사한 모더니즘 계
열의 작품을 썼으며, 월북 이후에는 대하역사소설 작품을 썼다.

소설가 구보씨의 일일

어머니는

아들이 제 방에서 나와, 마루 끝에 놓인 구두를 신고, 기둥 못에 걸린 단장을 꺼내 들고, 그리고 문간으로 향하여 나가는 소리를 들었다.

"어디, 가니."

대답은 들리지 않았다.

중문 앞까지 나간 아들은, 혹은 자기의 한 말을 듣지 못하였는지도 모른다. 또는 아들의 대답 소리가 자기의 귀에까지 이르지 못하였는지도 모른다. 그 둘 중의 하나라고 생각한 어머니는 중문 밖에까지 들릴 목소리를 내었다.

"일즉어니 들어오너라."

역시 대답은 들리지 않았다.

중문이 소리를 내어 열려지고, 또 소리를 내어 닫혀졌다. 어머니는 얇은 실망을 느끼려는 자기 자신을 스스로 위로하려 한다. 중문 소리만 크게 나지 않았더면, 아들의 '네!' 소리를 혹은 들을 수 있었을지도 모른다······.

어머니는 다시 바느질을 하며, 대체 그 애는 매일, 어딜, 그렇게, 가는 겐가, 하고 그런 것을 생각하여 본다.

직업과 아내를 갖지 않은 스물여섯 살짜리 아들은, 늙은 어머니에게는 온갖 종류의 근심, 걱정거리였다. 우선 낮에 한번 집을 나서면, 아들은 밤늦게나 되어 돌아왔다.

늙고 쇠약한 어머니는 자리도 깔지 않고 맨바닥에 가, 팔을 괴고 누워, 아들을 기다리다가 곧잘 잠이 든다. 편안하지 못한 잠은, 두 시간씩 세 시간씩 계속될 수 없다. 잠깐 잠이 들었다 깰 때마다, 어머니는 고개를 들어 아들의 방을 바라보고, 그리고 기둥에 걸린 시계를 쳐다본다.

자정——그리 늦지는 않았다. 이제 아들은 돌아올 게다. 어머니는 아들이 어서 돌아와지라 빌며, 또 어느 틈엔가 꼬빡 잠이 든다.

그가 두 번째 잠을 깨는 것은 새로 한 점 반이나 두 점, 그러한 시각이다. 아들의 방에는 그저 불이 켜져 있다.

아들은 잘 때면 반드시 불을 끈다. 그러나 혹은 어느 틈엔가 아들은 돌아와, 자리에 누워 책이라도 읽고 있는 게 아닐까. 아들에게는 그런 버릇이 있다.

어머니는 소리 안 나게 아들의 방 앞에까지 걸어가 가만히 안을 엿듣는다. 마침내 어머니는 방문을 열어 보고, 입때 웬일일까, 호젓한 얼굴을 하고, 다시 방문을 닫으려다 말고 방 안으로 들어온다.

나이 찬 아들의, 기름과 분 냄새 없는 방이, 늙은 어머니에게는 애달팠다. 어머니는 초저녁에 깔아 놓은 채 그대로 있는 아들의 이부자리와 베개를 바로 고쳐 놓고, 그리고 그 옆에 가 앉아 본다. 스물여섯 해를 길렀어도 종시 마음이 놓이지 않는 것은 자식이었다. 설혹 스물여섯 해를 스물여섯 곱하는 일이 있다더라도, 어머니의 마음은 늘 걱정으로 차리라. 그래도 어머니는 그가 작은며느리를 보면, 이렇게 밤늦게 한 가지 걱정을 덜 수 있으리라 생각한다.

"참, 이 애는 왜 장가를 들려구 안하는 겐구."

언제나 혼인말을 꺼내면, 아들은 말하였다.

"돈 한푼 없이 어떻게 기집을 먹여 살립니까?"

허지만…… 어떻게 도리야 있느니라. 어디 월급쟁이가 되드래두, 두 식구 입에 풀칠이야 못헐라구…….

어머니는 어디 월급자리라도 구할 생각은 없이, 밤낮으로 책이나 읽고 글이나 쓰고, 혹은 공연스레 밤중까지 쏘다니고 하는 아들이 보기에 딱하고, 또 답답하였다.

"그래두 장가를 들어 놓으면 맘이 달러지지."

"제 계집 귀여운 줄 알면, 자연 돈 벌 궁릴 하겠지."

작년 여름에 아들은 한 '색시'를 만나본 일이 있다. 그 애면 저도 싫다고는 않겠지. 이제 이놈이 들어오거든 단단히 다져 보리라……. 그리고 어머니는 어느 틈엔가 손주자식을 눈앞에 그려 보기조차 한다.

아들은

그러나 돌아와, 채 어머니가 무어라고 말할 수 있기 전에, 입때 안 주무셨세요, 어서 주무세요. 그리고 자리옷으로 갈아입고는 책상 앞에 앉아 원고지를 펴 논다.

그런 때 옆에서 무슨 말이든 하면, 아들은 언제든 불쾌한 표정을 지었다. 그것은 어머니의 마음을 아프게 한다. 그래, 어머니는 가까스로, 늦었으니 어서 자거라, 그걸랑 낼 쓰구……. 한 마디를 하고서 아들의 방을 나온다.

"얘기는 낼 아침에래두 허지."

그러나 열한 점이나 오정에야 일어나는 아들은, 그래도 소리없이 밥을 떠먹고는 나가 버렸다.

때로, 글을 팔아 몇 푼의 돈을 구할 수 있을 때, 그 어느 한 경우에,

아들은 어머니를 보고, 무어 잡수시구 싶으신 거 없세요, 그렇게 묻는 일이 있었다.

어머니는 직업을 가지지 못한 아들이, 그래도 어떻게 몇 푼의 돈을 만들어 자기에게 그런 말을 할 수 있는 것을 신기하게 기뻐하였다.

"어서 내 생각 말구, 네 양말이나 사 신어라."

그러면 아들은 으레 제 고집을 세웠다. 아들의 고집 센 것을 물론 어머니는 좋게 생각 안했다. 그러나 이러한 경우라면, 아들이 고집을 세우면 세울수록 어머니는 만족하였다. 어머니의 사랑은 보수를 원하지 않지만, 그래도 자식이 자기에게 대한 사랑을 보여 줄 때, 그것은 어머니를 기쁘게 하여 준다.

대체 무얼 사 줄 테냐. 무어든 어머니 마음대루. 먹는 게 아니래두 좋으냐. 네──. 그래 어머니는 에누리 없이 욕망을 말해 본다.

"너, 나 치마 하나 해 주려무나."

아들이 흔연히 응락하는 걸 보고,

"네 아주멈은 무어 안 해주니?"

아들은 치마 두 가음(감)의 가격을 묻고, 그리고 갑자기 엄숙한 얼굴을 한다. 혹은 밤을 새우기까지 하여 아들이 번 돈은 결코 대단한 액수의 것이 아니었다. 그래, 어머니는 말한다.

"그럼 네 아주멈이나 해 주렴."

아들은, 아니에요, 넉넉해요. 갖다 끊으세요. 그리고 돈을 내놓았다.

어머니는 얼마를 주저한다. 그러나 마침내 그는 가장 자랑스러이 돈을 집어 들고, 얘애 옷감 바꾸러 나가자, 아재비가 치마 허라구 돈을 주었다. 네 아재비가…… 그렇게 건넌방에서 재봉틀을 놀리고 있던 맏며느리를 신기하게 놀래 준다.

치마가 되면, 어머니는 그것을 입고 나들이를 하였다.

일가집 대청에 가 주인 아낙네와 마주 앉아, 갓난애같이 어머니는 치마 자랑할 기회를 엿본다. 주인 마누라가 섣불리, 참, 치마 좋은 거 해 입으셨구면, 이라고나 한다면, 어머니는 서슴지 않고,

"이거 내 둘째 아이가 해 준 거죠. 제 아주멈 해 주구, 이거하구……."

이렇게 묻지도 않은 말을 하였다. 어머니는 그것이 아들의 훌륭한 자랑거리라 생각하였다. 자식을 자랑할 때, 어머니는 얼마든지 뻔뻔스러울 수 있다.

그러나 그런 일은 늘 있을 수 없다. 어머니는 역시, 글을 쓰는 것보다는 월급쟁이가 몇 곱절 낫다고 생각하고, 그리고 그렇게 재주 있는 내 아들은 무엇을 하든 잘 하리라고 혼자 작정해 버린다. 아들은 지금 세상에서 월급자리 얻기가 얼마나 힘드는 것인가를 말한다. 하지만 보통학교만 졸업하고도, 고등학교만 나오고도 회사에서 관청에서 일들만 잘하고 있는 것을 알고 있는 어머니는, 고등학교를 졸업하고도, 또 동경엘 건너가 공불 하고 온 내 아들이 구하여도 일자리가 없다는 것이 도무지 믿어지지가 않았다.

구보는

집을 나와 천변길을 광교로 향하여 걸어가며, 어머니에게 단 한 마디 '네—' 하고 대답 못했던 것을 뉘우쳐 본다. 하기야 중문을 여닫으며 구보는 '네—' 소리를 목구멍까지 내 보았던 것이나 중문과 안방과의 거리는 제법 큰 소리를 요구하였고, 그리고 공교롭게 활짝 열린 대문 앞을, 때마침 세 명의 여학생이 웃고 떠들며 지나갔다.

그렇더라도 대답은 역시 하여야만 하였었다고, 구보는 어머니의 외로워할 때의 표정을 눈앞에 그려 본다. 처녀들은 어느 틈엔가 그의 시야

에서 사라졌다.

구보는 마침내 다리 모퉁이에까지 이르렀다. 그의 일있는 듯싶게 꾸미는 걸음걸이는 그 곳에서 멈추어진다. 그는 어딜 갈까, 생각하여 본다. 모두가 그의 갈 곳이었다. 한군데라도 그가 갈 곳은 없었다.

한낮의 거리 위에서 구보는 갑자기 격렬한 두통을 느낀다. 비록 식욕은 왕성하더라도, 잠은 잘 오더라도, 그것은 역시 신경 쇠약에 틀림없었다.

구보는 떠름한 얼굴을 하여 본다.

취박 4,0

취나 2,0

취안 2,0

고정 4,0

수 200,0

하루 3회분 복용 2일분

그가 다니는 병원의 젊은 간호부가 반드시 '3뻬스이' 라고 발음하는 이 약은 그에게는 조그마한 효험도 없었다.

그러자 구보는 갑자기 옆으로 몸을 비킨다. 그 순간 자전거가 그의 몸을 가까스로 피하여 지났다. 자전거 위의 젊은이는 모멸 가득한 눈으로 구보를 돌아본다. 그는 구보의 몇 간통 뒤에서부터 요란스레 종을 울렸던 것임에 틀림없었다. 그것을 위험이 박두하였을 때에야 비로소 몸을 피할 수 있었던 것은 반드시 그가 '3B수' 의 처방을 외우고 있었기 때문만이 아니었다.

구보는 자기의 왼편 귀 기능에 스스로 의혹을 갖는다. 병원의 젊은 조수는 결코 익숙하지 못한 솜씨로 그의 귓속을 살피고, 그리고 대담하게도 그 안에 몹시 불결한 까닭 외에 아무 이상이 없다고 선언하였다.

한 덩어리의 '귀지'를 갖기보다는 차라리 4주일간 치료를 요하는 중이염을 앓고 싶다, 생각하는 구보는 그의 선언에 무한한 굴욕을 느끼며, 그래도 매일 신경질나게 귀 안을 소제하였었다.

그러나 구보는 다행하게도 중이질환을 가진 듯싶었다. 어느 기회에 그는 의학 사전을 뒤적거려 보고, 그리고 별 까닭도 없이 자기는 중이가답아(귓속이 윙윙거리는 병)에 걸렸다고 혼자 생각하였다. 사전에 의하면 중이가답아에는 급성 및 만성이 있고, 만성 중이가답아는 또다시 이를 만성 건성 및 만성 습성의 이자로 나눈다 하였는데, 자기의 이질은 그 만성 습성의 중이가답아에 틀림없다고 구보는 작정하고 있었다.

그러나 부실한 것은 그의 왼쪽 귀뿐이 아니었다. 구보는 그의 바른쪽 귀에도 자신을 갖지 못한다. 언제든 수히 전문의를 찾아보아야겠다고 생각은 하면서도, 일 년이나 그대로 내버려 둔 채 지내 온 그는, 비교적 건강한 그의 바른쪽 귀마저, 또 한편 귀의 난청 보충으로 그 기능을 소모시키고, 그리고 불원한 장래에 '듄케르청장관'이나 '전기 보청기'의 힘을 빌리지 않으면 안 될지도 모른다.

구보는

갑자기 걸음을 걷기로 한다. 그렇게 우두머니 다리 곁에 가서 있는 것의 무의미함을 새삼스러이 깨달은 까닭이다. 그는 종로 네거리를 바라보고 걷는다. 구보는 종로 네거리에 아무런 사무도 갖지 않는다. 처음에 그가 아무렇게나 내어놓았던 바른 발이 공교롭게도 왼편으로 쏠렸기 때문에 지나지 않는다.

갑자기 한 사람이 나타나 그의 앞을 가로질러 지난다. 구보는 그 사나이와 마주칠 것 같은 착각을 느끼고, 위태롭게 걸음을 멈춘다.

그리고 다음 순간, 구보는 이렇게 대낮에도 조금의 자신을 가질 수 없는 자기의 시력을 저주한다. 그의 코 위에 걸려 있는 24도의 안경은 그의 근시를 도와주었으나, 그의 망막에 나타나 있는 무수한 맹점을 제거하는 재주는 없었다. 총독부 병원 시대의 구보의 시력 검사표는 그저 그 우울한 '안과 재래'의 책상 서랍 속에 들어 있을지도 모른다.

R,4 L,3

구보는 2주일간 열병을 앓은 끝에, 갑자기 쇠약해진 시력을 호소하러 처음으로 안과의와 대하였을 때의, 그 조그만 테이블 위에 놓여 있던 '시야 측정기'를 지금 기억하고 있다. 제 자신 강도의 안경을 쓰고 있던 의사는, 백묵을 가져, 그 위에 용서 없이 무수한 맹점을 찾아내었었다.

그래도 구보는, 약간 자신이 있는 듯싶은 걸음걸이로 전차 선로를 두 번 횡단하여 화신상회 앞으로 간다. 그리고 저도 모를 사이에 그의 발은 백화점 안으로 들어서기조차 하였다.

젊은 내외가 너덧 살 되어 보이는 아이를 데리고 그 곳에 가 승강기를 기다리고 있었다. 이제 그들은 식당으로 가서 그들의 오찬을 즐길 것이다. 흘낏 구보를 본 그들 내외의 눈에는 자기네들의 행복을 자랑하고 싶어하는 마음이 엿보였는지도 모른다. 구보는 그들을 업신여겨 볼까하다가, 문득 생각을 고쳐, 그들을 축복하여 주려 하였다. 사실, 사오 년 이상을 같이 살아왔으면서도, 오히려 새로운 기쁨을 가져 이렇게 거리로 나온 젊은 부부는 구보에게 좀 다른 의미로서의 부러움을 느끼게 하였는지도 모른다. 그들은 분명히 가정을 가졌고, 그리고 그들은 그 곳에서 당연히 그들의 행복을 찾을 게다.

승강기가 내려와 서고, 문이 열려지고, 닫혀지고, 그리고 젊은 내외는 수남이나 복동이와 더불어 구보의 시야를 벗어났다.

구보는 다시 밖으로 나오며, 자기는 어디 가 행복을 찾을까 생각한다. 발 가는 대로 그는 어느 틈엔가 안전 지대에 가 서서, 자기의 두 손을 내려다보았다. 한 손의 단장과 또 한 손의 공책과——물론 구보는 거기에서 행복을 찾을 수는 없다.

안전 지대 위에, 사람들은 서서 전차를 기다린다. 그들에게 행복은 알 수 없다. 그러나 그들은 분명히, 갈 곳만은 가지고 있었다.

전차가 왔다. 사람들은 내리고 또 탔다. 구보는 잠깐 머엉하니 그 곳에 서 있었다. 그러나 자기와 더불어 그 곳에 있던 온갖 사람들이 모두 저 차에 오른다 보았을 때, 그는 저 혼자 그 곳에 남아 있는 것에, 외로움과 애달픔을 맛본다. 구보는 움직이는 전차에 뛰어올랐다.

전차 안에서

구보는 우선 제 자리를 찾지 못한다. 하나 남았던 좌석은 그보다 바로 한걸음 먼저 차에 오른 젊은 여인에게 점령당했다. 구보는 차장대 가까운 한구석에 가 서서, 자기는 대체 이 동대문행 차를 어디까지 타고 가야 할 것인가를, 대체 어느 곳에 행복은 자기를 기다리고 있을 것인가를 생각해 본다.

이제 이 차는 동대문을 돌아 경성 운동장 앞으로 해서…… 구보는 차장대, 운전대로 향한, 안으로 파—란 융을 받쳐 댄 창을 본다. 전차과에서는 그 곳에 '뉴—스'를 게시한다. 그러나 사람들은 요사이 축구도 야구도 하지 않는 모양이었다.

장충단으로, 청량리로, 혹은 성북동으로. ……그러나 요사이 구보는 교외를 즐기지 않는다.

그 곳에는 하여튼 자연이 있었고, 한숨이 있었다. 그리고 고독조차 그 곳에는 준비되어 있었다. 요사이 구보는 고독을 두려워한다.

일찍이 그는 고독을 사랑한 일이 있었다. 그러나 고독을 사랑한다는 것은 그의 심경의 바른 표현이 못 될 게다. 그는 결코 고독을 사랑하지 않았는지도 모른다. 아니, 도리어 그는 그것을 그지없이 무서워하였는 지도 모른다. 그러나 그는 고독과 힘을 겨누어, 결코 그것을 이겨 내지 못하였다. 그런 때, 구보는 차라리 고독에게 몸을 떠맡겨 버리고, 그리고 스스로 자기는 고독을 사랑하고 있는 것이라고 꾸며 왔는지도 모를 일이다…….

표, 찍읍쇼——차장이 그의 앞으로 왔다. 구보는 단장을 왼팔에 걸고, 바지 주머니에 손을 넣었다. 그러나 그가 그 속에서 다섯 닢의 동전을 골라 내었을 때, 차는 종묘 앞에 서고, 그리고 차장은 제자리로 돌아 갔다.

구보는 눈을 떨어뜨려, 손바닥 위의 다섯 닢 동전을 본다. 그것들은 공교롭게도 모두가 뒤집혀 있었다. 대정 십이 년, 십일 년, 십일 년, 십 팔 년—— 구보는 그 숫자에서 어떤 한 개의 의미를 찾아내려 들었다. 그러나 그것은 부질없는 일이었고, 그리고 또 설혹 그것이 무슨 의미를 가지고 있었다 하더라도, 그것은 적어도 '행복'은 아니었을 게다.

차장이 다시 그의 옆으로 왔다. 어디를 가십니까. 구보는 전차가 향하여 가는 곳을 바라보며 문득 창경원에라도 갈까, 하고 생각한다. 그러나 그는 차장에게 아무런 사인도 하지 않았다. 갈 곳을 갖지 않은 사람이 한번 차에 몸을 의탁하였을 때, 그는 어디에든 섣불리 내릴 수 없다.

차는 서고, 또 움직였다. 구보는 창밖을 내다보며, 문득 대학 병원에 라도 들를 것을 그랬나 하여 본다. 연구실에서 벗은 정신병을 공부하고 있었다. 그를 찾아가 좀 다른 세상을 구경하는 것은, 행복은 아니어도 어떻든 한 개의 일일 수 있다…….

구보가 머리를 돌렸을 때, 그는 그 곳에, 지금 마악 차에 오른 듯싶은 한 여성을 보고, 그리고 응당 반색을 하고, 그리고 '그래서 그래서' 뒤를 캐어 물을 게다. 그가 만약, 오직 그뿐이라고라도 말한다면, 어머니는 실망하고, 그리고 그를 주변머리 없다고 책할지도 모른다. 그러나 누가 그 일을 알고, 그리고 아들을 졸하다고라도 말한다면, 어머니는 내 아들은 원체 얌전해서…… 그렇게 변호할 게다.

구보는 여자와 시선이 마주칠까 겁하여, 얼토당토않은 곳을 보며, 저 여자는 내가 여기 있는 것을 보았을까, 하고 생각한다.

여자는

혹은, 그를 보았을지도 모른다. 전차 안에 승객은 결코 많지 않았고, 그리고 자리가 몇 군데 비어 있음에도 불구하고 구석에 가 서 있는 사람이란, 남의 눈에 띄기 쉽다. 여자는 응당 자기를 보았을 게다. 그러나 여자는 능히 자기를 알아볼 수 있었을까. 그것은 의문이다. 작년 여름에 단 한 번 만났을 뿐으로, 이래 일 년간 길에서라도 얼굴을 대한 일이 없는 남자를, 그렇게 쉽사리 여자는 알아내지 못할 게다. 그러나 자기가 기억하고 있는 여자에게, 자기의 기억이 없으리라고 생각하는 것은 누구에게 있어서든 외롭고 또 쓸쓸한 일이다. 구보는 여자와의 회견 당시의 자기의 그 대담한, 혹은 뻔뻔스런 태도와 화술이, 그에게 적지않이 인상 주었으리라고 생각하고, 그리고 여자는 때때로 자기를 생각하여 주고 있었다고 믿고 싶었다.

그는 분명히 나를 보았고 그리고 나를 나라고 알았을 게다. 그러한 그는 지금 어떠한 느낌을 가지고 있을까, 그것이 구보는 알고 싶었다.

그는 결코 대담하지 못한 눈초리로, 비스듬히 두 간통 떨어진 곳에 앉아 있는 여자의 옆얼굴을 곁눈질하였다. 그리고 다음 순간, 그와 눈이 마주칠 것을 겁하여 시선을 돌리며, 여자는 혹은 자기를 곁눈질한 남자의 꼴을 곁눈질로 느꼈을지도 모르겠다고, 그렇게 생각하여 본다. 여자는 남자를 그 남자라 알고, 그리고 남자가 자기를 그 여자라 안 것을 알고 있을지도 모른다. 이러한 경우에 나는 어떠한 태도를 취하여야 마땅할까 하고, 구보는 그러한 것에 머리를 썼다. 알은 체를 하여야 옳을지도 몰랐다. 혹은 모른 체하는 게 정당한 인사일지도 몰랐다. 그 둘 중에 어느 편을 여자는 바라고 있을까. 그것을 알았으면, 하였다. 그러다가 갑자기, 그러한 것에 마음을 태우고 있는 자기가 스스로 괴이하고 우스워, 나는 오직 요만 일로 이렇게 흥분할 수가 있었던가 하고 스스로 의심하여 보았다. 그러면 나는 마음속 그윽히 그를 생각하고 있었던지도 모르겠다고 생각하여 보았다. 그러나 그가 여자와 한 번 본 뒤로, 이래 일 년간 그를 일찍이 한 번도 꿈에 본 일이 없었던 것을 생각해 내었을 때, 자기는 역시 진정으로 그를 사랑하고 있는 것은 아닌지도 모르겠다고, 그러한 생각이 들었다. 만약 그렇다면 자기가 여자의 마음을 헤아려 보고, 그리고 이리저리 공상을 달리고 하는 것은, 이를테면 감정의 모독이었고, 그리고 일종의 죄악이었다.

그러나 만약 여자가 자기를 진정으로 그리워하고 있다면——.

구보가 여자 편으로 눈을 주었을 때, 그러나 여자는 자리에서 일어나 양산을 들고 차가 동대문 앞에 정류하기를 기다려 내려갔다. 구보의 마음은 또 한 번 동요하며, 창 너머로 여자가 청량리행 전차를 기다리느라, 그 곳 안전 지대로 가 서는 것을 보았을 때, 그는 자기도 차에서 곧 내리고 싶은 충동을 느꼈다. 그러나,를 또 한 번 발견하고, 그리고 자기가 일도 없건만 오직 여자와의 사이에 어떠한 기회를 엿보기 위하여 그

차를 탄 것에 틀림없다는 것을 눈치챌 때, 여자는 그러한 자기를 얼마나 천박하게 생각할까. 그래, 구보가 망살거리는 동안, 전차는 달리고, 그들의 사이는 멀어졌다. 마침내 여자의 모양이 완전히 그의 시야에서 떠났을 때, 구보는 갑자기 아차, 하고 뉘우친다.

행복은

그가 그렇게도 구하여 마지않던 행복은, 그 여자와 함께 영구히 가 버렸는지도 모른다. 여자는 자기에게 던져 줄 행복을 가슴에 품고서, 구보가 마음의 문을 열어 가까이 와 주기를 갈망하였는지도 모른다. 왜 자기는 여자에게 좀더 대담하지 못하였나. 구보는, 여자가 가지고 있는 온갖 아름다운 점을 하나하나 헤어 보며, 혹은 이 여자말고 자기에게 행복을 약속하여 주는 이는 없지나 않을까, 하고 그렇게 생각하였다.

방향판을 '한강교'로 갈고 전차는 훈련원을 지났다. 구보는 자리에 앉아, 주머니에서 오 전 백동화를 골라 꺼내면서, 비록 한 번도 꿈에 본 일은 없었더라도 역시 그가 자기에게는 유일한 여자가 아닐까 하고 생각하여 본다.

자기가 그를 그동안 대수롭지 않게 여겨 왔던 것같이 생각하는 것은, 구보가 제 감정을 속인 것에 지나지 않을지도 모른다. 그가 여자를 만나보고 돌아왔을 때, 그는 집에서 아들을 궁금히 기다리고 있던 어머니에게 '그 여자면' 정도의 뜻을 표시하였었던 것에 틀림없었다.

그러나 구보는, 어머니가 색시집으로 솔직하게 구혼할 것을 금하였다. 그것은 허영만에서 나온 일은 아니다. 그는 여자가 자기 생각을 안 하고 있는 경우에 객쩍게스리 여자를 괴롭혀 주고 싶지 않았던 까닭이다. 구보는 여자의 의사와 감정을 존중하고 싶었다.

그러나 물론, 여자에게서는 아무런 말도 하여 오지 않았다. 구보는 여자가 은근히 자기에게서 무슨 말이 있기를 기다리고 있는 것이나 아닐까, 하고도 생각하여 보았다. 그러나 그런 것을 생각하는 것은 제 자신 우스운 일이다. 그러는 동안에 날은 가고, 그리고 그것에 대한 흥미를 구보는 잃기 시작하였다. 혹시, 여자에게서라도 먼저 말이 있다면——. 그러면 구보는 다시 이 문제에 흥미를 가질 수 있을 게다. 언젠가 여자의 집과 어떻게 인척 관계가 있는 노마님이 와서 색시집에서도 이편의 동정만 살피고 있는 듯싶더란 말을 들었을 때, 구보는 쓰디쓰게 웃고, 그리고 그것이 사실이라면 그것은 희극이라느니보다는 오히려 한 개의 비극이라고 생각하였다. 그러면서도 구보는 그 비극에서 자기네들을 구하기 위하여 팔을 걷고 나서려 들지 않았다.

전차가 야초정 근처를 지나갈 때, 구보는 그러나 그 흥분에서 깨어나, 뜻모를 웃음을 입가에 띠어 본다. 그의 앞에 어떤 젊은 여자가 앉아 있었다. 그 여자는 자기의 두 무릎 사이에다 양산을 놓고 있었다. 어느 잡지에선가 구보는, 그것이 비처녀성을 나타내는 것임을 배운 일이 있다. 딴은 머리를 틀어올렸을 뿐이나, 그만한 나이로는 저 여인은 마땅히 남편을 가졌어야 옳을 게다. 아까, 그는 양산을 어디다 놓고 있었을까 하고, 구보는 객쩍은 생각을 하다가, 여성에게 대하여 그러한 관찰을 하는 자기는, 혹은 어떠한 여자를 아내로 삼든 반드시 불행하게 만들어 주지나 않을까, 하고 생각하였다. 그러나 여자는——. 여자는 능히 자기를 행복되게 하여 줄 것인가, 구보는 자기가 알고 있는 온갖 여자를 차례로 생각하여 보고, 그리고 가만히 한숨지었다.

일찍이

구보는 벗의 누이에게 짝사랑을 느낀 일이 있었다. 어느 여름날 저녁, 그가 벗을 찾았을 때, 문간으로 그를 응대하러 나온 벗의 누이는, 혹은 정말 나어린 구보가 동경의 마음을 갖기에 알맞도록 아름다웁고 깨끗하였는지도 모른다. 열다섯 살짜리 문학 소년은 그를 사랑하고 싶다 생각하고, 뒷날 그와 결혼할 수 있다 하면, 응당 자기는 행복이리라 생각하고, 자주 벗을 찾아가 그와 만날 기회를 엿보고, 혹 만나면 저 혼자 얼굴을 붉히고, 그리고 돌아와 밤늦게 여러 편의 연애시를 초하였다. 그러나 그가 자기보다 세 살이나 위라는 것을 생각할 때, 구보의 마음은 불안하였다. 자기가 한 여자의 앞에서 자기의 사랑을 고백하여도 결코 서투르지 않을 나이가 되었을 때, 여자는 이미 그 전에, 다른, 더 나이 먹은 이의 사랑을 용납해 버릴 게다.

그러나 구보가 그것에 대하여 아무런 대책도 강구할 수 있기 전에 여자는 참말, 나이 먹은 남자의 품으로 갔다. 열일곱 살 먹은 구보는, 자기의 마음이 퍽이나 괴로웁고 슬픈 것같이 생각하려 들고, 그리고 그러면서도 그들의 행복을, 특히 남자의 행복을 빌려 들었다. 그러한 감정은 그가 읽은 문학서류에 얼마든지 씌어 있었다. 결혼 비용 삼천 원, 신혼 여행은 동경으로. 관수동에 그들 부처를 위하여 개축된 집은 행복을 보장하는 듯싶었다.

이번 봄에 들어서서, 구보는 벗과 더불어 그들을 찾았다. 이미 두 아이의 어머니인 여인 앞에서, 구보는 얼굴을 붉히는 일 없이 평범한 이야기를 서로 할 수 있었다. 구보가 일곱 살 먹은 사내아이를 영리하다고 칭찬하였을 때, 젊은 어머니는, 그러나 그 애가 골목 안에서는 그 중 나이 어림을 말하고, 그리고 나이 먹은 아이들이란, 저희보다 적은 아이에게 대하여 얼마든지 교활할 수 있음을 한탄하였다. 언제든 딱지를 가지고 나가서는, 최후의 한 장까지 빼앗기고 들어오는 아들이 민망하여, 하루는 그 뒤에 연필로 하나하나 표를 하여 주고, 그것을 또 다 잃고 돌아왔을 때, 그는 골목 안의 아이들을 모아, 그들이 가지고 있는 딱지에서 원래의 내 아이 물건을 가려내어, 거의 모조리 회수할 수 있었다는 이야기를, 젊은 어머니는 일종의 자랑조차 가지고 구보에게 들려주었었다…….

구보는 가만히 한숨짓는다. 그가 그 여인을 아내로 삼을 수 없었던 것은 결코 불행이 아니었다. 그러한 여인은, 혹은 한평생을 두고 구보에게 행복이 무엇임을 알 기회를 주지 않았을지도 모른다.

조선은행 앞에서 구보는 전차를 내려, 장곡천정으로 향한다. 생각에 피로한 그는 이제 마땅히 다방에 들러 한 잔의 홍차를 즐겨야 할 것이다.

몇 점이나 되었나. 구보는 그러나 시계를 갖지 않았다. 갖는다면 그는 우아한 회중시계를 택할 게다. 팔뚝 시계는——그것은 소녀 취미에나 맞을 게다. 구보는 그렇게도 팔뚝시계를 갈망하던 한 소녀를 생각하였다. 그는 동리에 전당 나온 십팔금 팔뚝시계를 탐내고 있었다.

그것은 사 원 팔십 전에 구할 수 있었다. 그리고 그는 그 시계말고, 치마 하나를 해 입을 수 있을 때에, 자기는 행복의 절정에 이를 것같이 생각하고 있었다.

'벰베르크' 실로 짠 보일 치마, 삼 원 육십 전. 하여튼 팔 원 사십 전이 있으면, 그 소녀는 완전히 행복일 수 있었다. 그러나 구보는 그 결코 크지 못한 욕망이 이루어졌음을 듣지 못했다.

구보는, 자기는 대체 얼마를 가져야 행복일 수 있을까 생각해 본다.

다방의

오후 두 시, 일을 가지지 못한 사람들이 그 곳 등의자에 앉아 차를 마시고, 담배를 태우고, 이야기를 하고, 또 레코드를 들었다. 그들은 거의 다 젊은이들이었고, 그리고 그 젊은이들은 그 젊음에도 불구하고 이미 자기네들은 인생에 피로한 것같이 느꼈다. 그들의 눈은 그 광선이 부족하고 또 불균등한 속에서 쉴 사이 없이 제각각의 우울과 고달픔을 하소연한다. 때로, 탄력 있는 발소리가 이 안을 찾아들고, 그리고 호화로운 웃음소리가 이 안에 들리는 일이 있었다. 그러나 그것들은 이 곳에 어울리지 않았고, 그리고 무엇보다도 다방에 깃들인 무리들은 그런 것을 업신여겼다.

구보는 아이에게 한 잔의 가배차와 담배를 청하고 구석진 등탁자로 갔다. 나는 대체 얼마가 있으면——그의 머리 위에 한 장의 포스터가 걸려 있었다. 어느 화가의 〈도구류별전〉. 구보는 자기에게 양행비(외국에 갈 비용)가 있으면, 적어도 지금 자기는 거의 완전히 행복일 수 있으리라 생각한다. 동경에라도——. 동경도 좋았다. 구보는 자기가 떠나온 뒤의 변한 동경이 보고 싶다 생각한다. 혹은 더 좀 가까운 데라도 좋았다. 지극히 가까운 데라도 좋았다. 오십 리 이내의 여정에 지나지 않더라도 구보는 조고만 '슈트 케이스'를 들고 경성역에 섰을 때, 응당 자기는 행복을 느끼리라 믿는다. 그것은 금전과 시간이 주는 행복이다. 구보에게는 언제든 여정에 오르려면, 오를 수 있는 시간의 준비가 있었다……

구보는 차를 마시며 약간의 금전이 가져다 줄 수 있는 온갖 행복을 손꼽아 보았다. 자기도 혹은 팔 원 사십 전을 가지면, 우선 조그만 한 개의, 혹은 몇 개의 행복을 가질 수 있을 게다. 구보는 그러한 제 자신을 비웃으려 들지 않았다. 오직 그만한 돈으로 한때 만족할 수 있는 그 마음은 애닯고 또 사랑스럽지 않은가.

구보는 담배에 불을 붙이며 자기가 원하는 최대의 욕망은 대체 무엇일구, 하였다. 이사카와 다쿠보쿠는 화롯가에 앉아 곰방대를 닦으며, 참말로 자기가 원하는 것이 무엇일구, 생각하였다. 그러나 그것은 있을 듯하면서도 없었다. 혹은 그럴 게다. 그러나 구태여 말하여, 말할 수 없을 것도 없을 게다. 원차마의경리여붕우공창지이무감(세상을 두루 다니고 검소한 생활을 하면서, 친구와 더불어 함께 하면 여한이 없다.)은 자로의 뜻이요, 좌상객상만 준중주불공(자리에 손님이 늘 넘치고, 술잔의 술은 떨어지지 않는다.)은 공융의 원하는 바였다. 구보는 저도 역시 좋은 벗들과 더불어 그 즐거움을 함께 하였으면 한다.

갑자기 구보는 벗이 그리워진다. 이 자리에 앉아 한 잔의 차를 나누며, 또 같은 생각 속에 있고 싶다 생각한다…….

구둣발 소리가 바깥 포도를 걸어와 문 앞에 서고, 그리고 다음에 소리도 없이 문이 열렸다. 그러나 그는 구보의 벗이 아니었다. 뿐만 아니라, 두 사람의 시선이 마주쳤을 때, 두 사람은 거의 일시에 머리를 돌리고, 그리고 구보는 그의 고요한 마음속에 음울을 갖는다.

그 사나이와

구보는 일찍이 인사를 한 일이 있었다. 그러나 그것은 공교롭게 어두운 거리에서였다. 한 벗이 그를 소개하였다. 말씀은 많이 들었습니다, 하고 그는 말하였었다. 사실 그는 구보의 이름과 또 얼굴을 전부터 알고 있었던 것임에 틀림없었다. 그러나 구보는, 구보는 그를 몰랐다. 모른 채 어두운 곳에서 그대로 헤어져 버린 구보는 뒤에 그를 만나도 그를 그라고 알아내지 못하였다. 그 사나이는 구보가 자기를 보고도 알은 체 안하는 것에 응당 모욕을 느꼈을 게다. 자기를 자기라 알고도 모르는 체하는 것이라 생각할 때, 그의 마음은 평온할 수 없었을 게다. 그러나 구보는, 구보는 몰랐고, 모르면 태연할 수 있다. 자기를 볼 때마다 황당하게, 또 불쾌하게 시선을 돌리는 그 사나이를, 구보는 오직 괴이하게만 여겨 왔다. 괴이하게만 여겨 오는 동안은 그래도 좋았다. 마침내 구보가 그를 그라고 알아낼 수 있었을 때, 그것은 그의 마음에 암영을 주었다. 그 뒤부터 구보는 그 사나이와 시선이 마주치면, 역시 당황하게, 그리고 불안하게 고개를 돌리는 수밖에 없었다. 그것은 사람의 마음을 우울하게 하여 놓는다. 구보는 다방 안의 한 구획을 그의 시야 밖에 두려 노력하며, 사람과 사람 사이의 교섭의 번거로움을 새삼스러이 느끼지 않으면 안 된다.

구보는 백동화를 두 푼, 탁자 위에 놓고, 그리고 공책을 들고 그 안을 나왔다. 어디로——. 그는 우선 부청 쪽으로 향하여 걸으며, 아무튼 벗의 얼굴이 보고 싶다, 생각하였다. 구보는 거리의 순서로 벗들을 마음속에 헤아려 보았다. 그러나 이 시각에 집에 있을 사람은 하나도 없을 듯싶었다. 어디로——. 구보는 한길 위에 서서, 넓은 마당 건너 대한문을 바라본다. 아동 유원지 유동 의자에라도 앉아서…… 그러나 그 빈약함, 너무나 빈약함 역시 사람의 마음을 우울하게 하여 주는 것임에 틀림없었다.

구보가 다 탄 담배를 길 위에 버렸을 때, 그의 옆에 아이가 와 선다. 그는 구보가 다방에 놓아 둔 채 잊어버리고 나온 단장을 들고 있었다. 고맙다. 구보는 그렇게도 방심한 제 자신을 쓰게 웃으며, 달음질하여 다방으로 돌아가는 아이의 뒷모양을 이윽히 바라보고 있다가, 자기도 그 길을 되걸어갔다.

다방 옆 골목 안. 그 곳에서 젊은 화가는 골동점을 경영하고 있었다. 구보는 그 방면에 대한 지식을 갖지 않는다. 그러나 하여튼 그것은 그의 취미에 맞았고, 그리고 기회 있으면 그 방면의 이야기를 듣고 싶다, 생각한다. 온갖 지식이 소설가에게는 필요하다. 그러나 벗은 전(가게)에 있지 않았다.

"바로 지금 나가셨습니다."

그리고 기둥에 걸린 시계를 쳐다보며

"한 십 분 됐을까요."

점원은 덧붙여 말하였다.

구보는 골목을 전찻길로 향하여 걸어 나오며, 그 십 분이란 시간이 얼마만한 영향을 자기에게 줄 것인가, 생각한다.

한길 위에 사람들은 바쁘게 또 일 있게 오고 갔다. 구보는 포도 위에 서서 문득, 자기도 창작을 위하여 어디, 예를 들면 서소문정 방면이라도 답사할까 생각한다. '모데로노로지오(고현학. 박태원이 고고학을 본 떠 만든 말)'를 게을리 하기 이미 오래다.

그러나 그러한 생각과 함께 구보는 격렬한 두통을 느끼며, 이제 한 걸음도 더 옮길 수 없을 것 같은 피로를 전신에 깨닫는다. 구보는 얼마 동안을 망연히 그 곳 한길 위에 서 있었다…….

얼마 있다

구보는 다시 걷기로 한다. 여름 한낮의 죄약볕(뙤약볕)이 맨머릿바람의 그에게 현기증을 주었다. 그는 그 곳에 더 그렇게 서 있을 수 없다. 신경 쇠약. 그러나 물론, 쇠약한 것은 그의 신경뿐이 아니다. 이 머리를 가져, 이 몸을 가져, 대체 얼마만한 일을 나는 하겠단 말인고——. 때마침 옆을 지나는 장년의, 그 정력가형 육체와 탄력 있는 걸음걸이에 구보는 일종 위압조차 느끼며, 문득 아홉 살 적에 집안 어른의 눈을 기어 춘향전을 읽었던 것을 뉘우친다. 어머니를 따라 일가집에 갔다 와서, 구보는 저도 얘기책이 보고 싶다 생각하였다. 그러나 집안에서는 그것을 금했다. 구보는 남몰래 안잠재기(안잠자기)에게 문의하였다. 안잠재기는 관세책집에는 어떤 책이든 있다는 것과, 일 원이면 능히 한 권을 세내 올 수 있음을 말하고, 그러나 꾸중들우——. 그리고 다음에, 재밌긴 춘향전이 제일이지, 그렇게 그는 혼잣말을 하였었다. 한 분의 동전과 한 개의 주발 뚜껑. 그것들이, 십칠 년 전의 그것들이, 뒤에 온, 그리고 또 올, 온갖 것의 근원이었을지도 모른다. 자기 전에 읽던 얘기책들. 밤을 새워 읽던 소설책들. 구보의 건강은 그의 소년 시대에 결정적으로 손상되었던 것임에 틀림없다…….

변비, 요의빈수, 피로, 권태, 두통, 두중, 두압, 모리다 마사바 박사의 단련 요법……. 그러한 것은 어떻든, 보잘것없는, 아니, 그 살풍경하고 또 어수선한 태평통의 거리는 구보의 마음을 어둡게 한다. 그는 저 불결한 고물상들을 어떻게 이 거리에서 쫓아낼 것인가를 생각하며, 문득 반자의 무늬가 눈에 시끄럽다고, 양자로 반자를 발라 버렸던 서해도 역시 신경 쇠약이었음에 틀림없었다고, 이름 모를 웃음을 입가에 띄어 보았다. 서해의 너털웃음. 그것도 생각하여 보면 역시 공허한, 적막한 음향이었다.

구보는 고인에게서 받은 〈홍염〉을, 이제도록 한 페이지도 들춰 보지 않았던 것을 생각해 내고, 그리고 딱한 표정을 지었다. 그가 읽지 않은 것은 오직 서해의 작품뿐이 아니다. 독서를 게을리 하기 이미 삼 년. 언젠가 구보는 지식의 고갈을 느끼고 악연(깜짝 놀람)하였다.

갑자기 한 젊은이가 구보의 시야에 들어왔다. 그는 구보가 향하여 걸어가고 있는 곳에서 왔다. 구보는 그를 어디서 본 듯싶었다. 자기가 마땅히 알아보아야만 할 사람인 듯싶었다. 마침내 두 사람의 거리가 한 간통으로 단축되었을 때, 문득 구보는 어린 시절을 회상하고, 그리고 그곳에 옛 동무를 발견한다. 그리운 옛 시절. 그리운 옛 동무. 그들은 보통학교를 나온 채 이제도록 한 번도 못 만났다. 그래도 구보는 그 동무의 이름까지 기억 속에서 찾아낸다.

그러나 옛 동무는 너무나 영락하였다. 모시 두루마기에 흰 고무신, 오직 새로운 맥고자를 쓴 그의 행색은 너무나 초라하다. 구보는 망살거린다. 그대로 모른 체하고 지날까. 옛 동무는 분명히 자기를 알아본 듯싶었다. 그리고 구보가 자기를 알아볼 것을 두려워하는 듯싶었다. 그러나 마침내 두 사람이 서로 지나치는 그 마지막 순간을 포착하여 구보는 용기를 내었다.

"이거 얼마만이야, 유 군."

그러나 벗은 순간에 약간에 얼굴조차 붉히며,

"네, 참 오래간만입니다."

"그동안 서울에 늘 있었어?"

"네."

구보는 다음에 간신히

"어째서 그렇게 뵐올 수 없었세요?"

한 마디를 하고, 그리고 서운한 감정을 맛보며, 그래도 또 무슨 말이든 하고 싶다 생각할 때, 그러나 벗은 그만 실례합니다, 그렇게 말하고 그리고 구보의 앞을 떠나 저 갈 길을 가 버린다.

구보는 잠깐 그 곳에 섰다가 다시 고개 숙여 걸으며 울 것 같은 감정을 스스로 억제하지 못한다.

조그만

한 개의 기쁨을 찾아, 구보는 남대문을 안에서 밖으로 나가 보기로 한다. 그러나 그 곳에는 불어드는 바람도 없이 양옆에 웅숭그리고 앉아 있는 서너 명의 지게꾼들의 그 모양이 맥없다.

구보는 고독을 느끼고 사람들 있는 곳으로, 약동하는 무리들의 있는 곳으로 가고 싶다 생각한다. 그는 눈앞에 경성역을 본다. 그 곳에는 마땅히 인생이 있을 게다. 이 낡은 서울의 호흡과 또 감정이 있을 게다. 도회의 소설가는 모름지기 이 도회의 항구와 친하여야 한다. 그러나 물론 그러한 직업 의식은 어떻든 좋았다. 다만 구보는 고독을 삼등 대합실 군중 속에 피할 수 있으면 그만이다.

그러나 오히려 고독은 그 곳에 있었다. 구보가 한옆에 끼여앉을 수도 없게스리 사람들은 그 곳에 빽빽하게 모여 있어도, 그들의 누구에게서도 인간 본래의 온정을 찾을 수는 없었다. 그네들은 거의 옆에 사람에게 한 마디 말을 건네는 일도 없이, 오직 자기네들 사무에 바빴고, 그리고 간혹 말을 건네도, 그것은 자기네가 타고 갈 열차의 시각이나 그러한 것에 지나지 않았다. 그네들의 동료가 아닌 사람에게 그네들은 변소에 다녀올 동안의 그네들 짐을 부탁하는 일조차 없었다. 남을 결코 믿지 않는 그네들의 눈은 보기에 딱하고 또 가엾었다.

구보는 한구석에 가 서서, 그의 앞에 있는 노파를 본다. 그는 뉘집에 드난(드나들며)을 살다가 이제 늙고 또 쇠잔한 몸을 이끌어, 결코 넉넉하지 못한 어느 시골, 딸네 집이라도 찾아가는지 모른다. 이미 굳어 버린 그의 안면 근육은 어떠한 다행한 일에도 펴질 턱 없고, 그리고 그의 몽롱한 두 눈은 비록 그의 딸의 그지없는 효양을 가지고도 감동시킬 수 없을지 모른다. 노파 옆에 앉은 중년의 시골 신사는 그의 시골서 조고만 백화점을 경영하고 있을 게다. 그의 점포에는 마땅히 주단 포목도 있고, 일용 잡화도 있고, 또 흔히 쓰이는 약품도 갖추어 있을 게다. 그는 이제 그의 옆에 놓인 물품을 들고 자랑스러이 차에 오를 게다. 구보는 그 시골 신사가 노파와 사이에 되도록 간격을 가지려고 노력하는 것을 발견하고, 그리고 그를 업신여겼다. 만약 그에게 옅은 지혜와 또 약간의 용기를 주면 그는 삼등 승차권을 주머니 속에 간수하고 일, 이등 대합실에 오만하게 자리잡고 앉을 게다.

문득 구보는 그의 얼굴에 부종을 발견하고 그의 앞을 떠났다. 신장염. 그뿐 아니라, 구보는 자기 자신의 만성위확장을 새삼스러이 생각해 내지 않으면 안 되었다. 그러나 구보가 매점 옆에까지 갔었을 때, 그는 그곳에서도 역시 병자를 보지 않으면 안 되었다. 사십여 세의 노동자. 전경부의 광범한 팽륭. 돌출한 안구. 또 손의 경미한 진동. 분명한 '바세도우' 씨 병. 그것은 누구에게 결코 깨끗한 느낌을 주지는 못한다. 그의 좌우에는 좌석이 비어 있어도 사람들은 그 곳에 앉으려 들지 않는다. 뿐만 아니라, 그에게서 두 간통 떨어진 곳에 있던 아이 업은 젊은 아낙네가 그의 바스켓 속에서 꺼내다 잘못하여 시멘트 바닥에 떨어뜨린 한 개의 복숭아가 굴러 병자의 발 앞에까지 왔을 때, 여인은 그것을 쫓아와 집기를 단념하기조차 하였다.

구보는 이 조그만 사건에 문득 흥미를 느끼고, 그리고 그의 '대학 노트'를 펴 들었다. 그러나 그가 문 옆에 기대어 섰는 캡 쓰고 린네르 즈메에리 양복 입은 사나이의, 그 온갖 사람에게 의혹을 갖는 두 눈을 발견하였을 때, 구보는 또다시 우울 속에 그 곳을 떠나지 않으면 안 된다.

개찰구 앞에

두 명의 사나이가 서 있었다. 낡은 파나마에 모시 두루마기, 노랑 구두를 신고, 그리고 손에 조고만 보따리 하나도 들지 않은 그들을, 구보는 확신을 가져 무직자라고 단정한다. 그리고 이 시대의 무직자들은 거의 다 금광 브로커에 틀림없었다. 구보는 새삼스러이 대합실 안팎을 둘러본다. 그러한 인물들은 이 곳에도 저 곳에도 눈에 띄었다.

황금광 시대——.

저도 모를 사이에 구보의 입술에서 무거운 한숨이 새어나왔다. 황금을 찾아, 황금을 찾아, 그것도 역시 숨김없는 인생의, 분명히 일면이다. 그것은 적어도, 한 손에 단장과 또 한 손에 공책을 들고, 목적 없이 거리로 나온 자기보다는 좀더 진실한 인생이었을지도 모른다. 시내에 산재한 무수한 광무소. 인지대 백 원. 열람비 오 원. 수수료 십 원. 지도대 십팔 전…… 출원 등록된 광구, 조선 전토의 칠 할. 시시각각으로 사람들은 졸부가 되고, 또 몰락하여 갔다. 황금광 시대. 그들 중에는 평론가와 시인, 이러한 문인들조차 끼여 있었다. 구보는 일찍이 창작을 위하여 그의 벗의 광산에 가 보고 싶다 생각하였다. 사람들의 사행심, 황금의 괴력, 그러한 것들을 구보는 보고, 느끼고, 하고 싶었다. 그러나 고도의 금광열은, 오히려 총독부 청사, 동척 최고층, 광무과 열람실에서 볼 수 있었다…….

문득 한 사나이가 둥글넙적한, 그리고 또 비속한 얼굴에 웃음을 띠고, 구보 앞에 그의 모양 없는 손을 내민다. 그도 벗이라면 벗이었다. 중학 시대의 열등생. 구보는 그래도 약간 웃음에 가까운 표정을 지어 보이고, 그리고 단장 든 손을 그대로 내밀어 그의 손을 가장 엉성하게 잡았다. 이거 얼마 만이야. 어디 가나. 응, 자네는——.

구보는 친하지 않은 사람에게 '자네' 소리를 들으면 언제든 불쾌하였다. '해라'는, 해라는 오히려 나았다. 그 사나이는 주머니에서 금시계를 꺼내 보고, 다음에 구보의 얼굴을 쳐다보며, 저기 가서 차라도 안 먹으려나. 전당포집의 둘째 아들. 구보는 그러한 사나이와 자리를 같이하여 차를 마실 생각은 없었다. 그러나 그러한 경우에 한 개의 구실을 지어, 그 호의를 사절할 수 있도록 구보는 용감하지 못하다. 그 사나이는 앞장을 섰다. 자──그럼 저리로 가지. 그러나 그것은 구보에게만 한 말이 아니었다.

구보는 자기 뒤를 따라오는 한 여성을 보았다. 그는 한 번 흘낏 보기에도 한 사나이의 애인 된 퇴가 있었다. 어느 틈엔가 이런 자도 연애를 하는 시대가 왔나. 새삼스러이 그 천한 얼굴이 쳐다보였으나, 그러나 서정 시인조차 황금광으로 나서는 때다.

의자에 가 가장 자신 있이 앉아, 그는 주문 들으러 온 소녀에게, 나는 가루삐스(칼피스: 음료의 한 가지). 그리고 구보를 향하여, 자네두 그걸루 하지. 그러나 구보는 거의 황급하게 고개를 흔들고, 나는 홍차나 커피로 하지.

음료 칼피스를, 구보는 좋아하지 않는다. 그것은 외설한 색채를 갖는다. 또 그 맛은 결코 그의 미각에 맞지 않았다. 구보는 차를 마시며, 문득 끽다점(다방)에서 사람들이 취하는 음료를 가지고, 그들의 성격, 교양, 취미를 어느 정도까지는 알 수 있을 것이 아닌가, 하고 생각하여 본다. 그리고 그것은 동시에, 그네들의 그때 그때의 기분조차 표현하고 있을 게다.

구보는 맞은편에 앉은 사나이의, 그 교양없는 이야기에 건성 맞장구를 치며, 언제든 그러한 것을 연구하여 보리라 생각한다.

월미도로

놀러 가는 듯싶은 그들과 헤어져 구보는 혼자 역 밖으로 나온다. 이러한 시각에 떠나는 그들은 적어도 오늘 하루를 그 곳에서 묵을 게다. 구보는 문득, 여자의 발가숭이를 아무 거리낌없이 애무할 그 남자의, 야비한 웃음으로 하여 좀더 추악해진 얼굴을 눈앞에 그려 보고, 그리고 마음이 편안하지 못했다.

여자는, 여자는 확실히 어여뻤다. 그는 혹은, 구보가 이제까지 어여쁘다고 생각하여 온 온갖 여인들보다도 좀더 어여뻤을지도 모른다. 그뿐 아니다. 남자가 같이 '가루삐스'를 먹자고 권하는 것을 물리치고, 한 접시의 아이스크림을 지망할 수 있도록 여자는 총명하였다.

문득, 구보는 그러한 여자가 왜 그자를 사랑하려 드나, 또는 그자의 사랑을 용납하는 것인가 하고, 그런 것을 괴이하게 여겨 본다. 그것은, 그것은 역시 황금 까닭일 게다. 여자들은 그렇게도 쉽사리 황금에서 행복을 찾는다. 구보는 그러한 여자를 가엾이, 또 안타까웁게 생각하다가, 갑자기 그 사나이의 재력을 탐내 본다. 사실, 같은 돈이라도 그 사나이에게 있어서는 헛되이, 그리고 또 아까웁게 소비되어 버릴 게다. 그는 날마다 기름진 음식이나 실컷 먹고, 살찐 계집이나 즐기고, 그리고 아무 앞에서나 그의 금시계를 꺼내 보고는 만족하여할 게다.

일순간, 구보는 그 사나이의 손으로 소비되어 버리는 돈이, 원래 자기의 것이나 되는 것같이 입맛을 다셔 보았으나, 그 즉시 그러한 제 자신을 픽 웃고, 내가 언제부터 이렇게 돈에 걸신이 들렸누…… 단장 끝으로 구두코를 탁 치고, 그리고 좀더 빠른 걸음걸이로 전차 선로를 횡단하여, 구보는 포도 위를 걸어갔다.

그러나 여자는, 여자는 확실히 어여뻤고, 그리고 또…… 구보는 갑자기, 그 여자가 이미 오래 전부터 그자에게 몸을 허락하여 온 것이나 아닐까, 생각하였다. 그것은 생각만 하여 볼 따름으로 그의 마음을 언짢게 하여 준다. 역시 여자는 결코 총명하지 못했다. 또 생각하여 보면, 어딘지 모르게 저속한 맛이 있었다. 결코 기품 있는 인물은 아니다. 그저 좀 예쁠 뿐……

그러나 그 여자가 그자에게 쉽사리 미소를 보여 주었다고 새삼스러이 여자의 값어치를 깎을 필요는 없었다. 남자는 여자의 육체를 즐기고, 여자는 남자의 황금을 소비하고, 그리고 두 사람은 충분히 행복일 수 있을 게다. 행복이란 지극히 주관적인 것이다……

어느 틈엔가 구보는 조선은행 앞에까지 와 있었다. 이제 이대로, 이대로 집으로 돌아갈 마음은 없었다. 그러면 어디로—— 구보가 또다시 고독과 피로를 느꼈을 때, 약칠해 신으시죠, 구두에. 구보는 경악의 눈을 가져 그 사나이를, 남의 구두만 항상 살피며 그 곳에 무엇이든 결점을 잡아내고야 마는 그 사나이를 흘겨보고, 그리고 걸음을 옮겼다. 일면식도 없는 나의 구두를 비평할 권리가 그에게 있기라도 하단 말인가. 거리에서 그에게 온갖 종류의 불유쾌한 느낌을 주는, 온갖 종류의 사물을 저주하고 싶다, 생각하며, 그러나 문득 구보는 이러한 때, 이렇게 제 몸을 혼자 두어 두는 것에 위험을 느낀다. 누구든 좋았다. 벗과, 벗과 같이 있을 때, 구보는 얼마쯤 명랑할 수 있었다. 혹은 명랑을 가장할 수 있었다.

마침내 그는 한 벗을 생각해 내고, 길가 양복점으로 들어가 전화를 빌렸다. 다행하게도 벗은 아직 사에 남아 있었다. 바로 지금 나가려든 차야 하고, 그는 말했다.

구보는 그에게 부디 다방으로 와 주기를 청하고, 그리고 잠깐 또 할 말을 생각하다가, 저편에서 전화를 끊어 버릴 것을 염려하여, 당황하게 덧붙여 말했다.

"꼭 좀, 곧 좀, 오——."

다행하게도

다시 돌아간 다방 안에 사람들은 많지 않았다. 또 문득 생각하고 둘러 보아, 그 벗도 아닌 벗도 그 곳에 있지 않았다. 구보는 카운터 가까이 자리를 잡고 앉아, 마침 자기가 사랑하는 '스키퍼'의 〈아이 아이 아이〉 를 들려 주는 이 다방에 애정을 갖는다. 그것이 허락받을 수 있는 것이 라면 그는 지금 앉아 있는 등의자를 안락의자로 바꾸어, 감미한 오수를 즐기고 싶다 생각한다. 이제 그는 그의 앞에 아까의 신기료 장사를 보 더라도, 고요한 마음을 가져 그를 용납하여 줄 수 있을 게다.

조그만 강아지가 저편 구석에 앉아, 토스트를 먹고 있는 사나이의 그 리 대단하지도 않은 구두코를 핥고 있었다. 그 사나이는 발을 뒤로 물 리며, 쉬— 쉬— 강아지를 쫓았다. 강아지는 연해 꼬리를 흔들며 잠깐 그 사나이의 얼굴을 쳐다보다가, 돌아서서 다음 탁자 앞으로 갔다. 그 곳에 앉아 있는 젊은 여자는, 그는 확실히 개를 무서워하는 듯싶었다. 다리를 잔뜩 옹크리고 얼굴빛조차 변하여 가지고, 그는 크게 뜬 눈으로 개의 동정만 살폈다. 개는 여전히 꼬리를 흔들며, 그러나 저를 귀해 주 고 안해 주는 사람을 용하게 가릴 줄이나 아는 듯이, 그 곳에 오래 머무 르지 않고 또 옆 탁자로 갔다. 그러나 구보가 앉아 있는 자리에서는 그 곳이 잘 안 보였다. 어떠한 대우를 그 가엾은 강아지가 그 곳에서 받았 는지 그는 모른다. 그래도 어떻든 만족한 결과는 아니었던 게다. 강아지 는 다시 그 곳을 떠나, 이제는 사람들의 사랑을 구하기를 아주 단념이 나 한 듯이 구보에게서 한 간통쯤 떨어진 곳에 가 네 발을 쭉 뻗고 모로 쓰러져 버렸다.

강아지의 반쯤 감은 두 눈에는 고독이 숨어 있는 듯싶었다. 그리고 그와 함께, 모든 것에 대한 단념도 그 곳에 있는 듯싶었다. 구보는 그 강아지를 가엾다, 생각한다. 저를 사랑하는 사람이 단 한 사람일지라도 이 다방 안에 있음을 알려 주고 싶다 생각한다. 그는 문득, 자기가 이제 까지 한 번도 그의 머리를 쓰다듬어 준다거나, 또는 그가 핥는 대로 손을 맡겨 둔다거나, 그러한 그에 대한 사랑의 표현을 한 일이 없었던 것을 생각해 내고, 손을 내밀어 그를 불렀다. 사람들은 이런 경우에 휘파람을 분다. 그러나 원래 구보는 휘파람을 안 분다. 잠깐 궁리하다가, 마침내 그는 개에게만 들릴 정도로 '캄 히어' 하고 말해 본다.

강아지는 영어를 해독하지 못하는지도 모른다. 머리를 들어 구보를 쳐다보고, 그리고 아무 흥미도 느낄 수 없는 듯이 다시 머리를 떨어뜨렸다. 구보는 의자 밖으로 몸을 내밀어, 조금 더 큰 소리로, 그러나 한껏 부드럽게 또 한 번, '캄 히어', 그리고 그것을 번역하였다. '이리 온'——그러나 강아지는 먼젓번 동작을 또 한 번 되풀이하였을 따름, 이번에는 입을 벌려 하품 비슷한 짓을 하고 아주 눈까지 감는다.

구보는 초조와 또 일종 분노에 가까운 감정을 맛보며, 그래도 그것을 억제하고, 이번에는 완전히 의자에서 떠나 그의 머리를 쓰다듬어 주려 하였다. 그러나 그보다도 먼저 강아지는 진저리치게 놀라 몸을 일으켜, 구보에게 향하여 적대적 자세를 취하고 캥, 캐캥하고 짖고, 그리고 제풀에 질겁을 하여 카운터 뒤로 달음질쳐 들어갔다.

구보는 저도 모르게 얼굴을 붉히고, 그 강아지의 방정맞은 성정을 저주하며 수건을 꺼내어, 땀도 안 난 이마를 두루 씻었다. 그리고 그렇게까지 당부하였건만, 곧 와 주지 않는 벗에게조차 그는 가벼운 분노를 느끼지 않으면 안 된다.

마침내

벗이 왔다. 그렇게 늦게 온 벗을 구보는 책망할까 하고 생각하여 보았으나, 그보다 먼저 진정 반가워하는 빛이 그의 얼굴에 떠올랐다. 사실, 그는 지금 벗을 가진 몸의 다행함을 느낀다.

그 벗은 시인이었음에도 불구하고, 극히 건장한 육체와 또 먹기 위하여 어느 신문사 사회부 기자의 직업을 가지고 있었다. 그것이 때로 구보에게 애달픔을 주지 않는 것은 아니다. 그래도, 그래도 그와 대하여 있으면 구보는 마음속에 밝음을 가질 수 있었다.

"나, 소다스이를 다우."

벗은 즐겨 음료 조달수를 취하였다. 그것은 언제든 구보에게 가벼운 쓴웃음을 준다. 그러나 물론 그것은 적어도 불쾌한 감정은 아니다.

다방에 들어오면, 여학생이나 같이 조달수(소다수)를 즐기면서도, 그래도 벗은 조선 문학 건설에 가장 열의를 가지고 있었다. 그러한 그가 하루에 두 차례씩 종로서와 도청과 또 체신국엘 들르지 않으면 안 되었던 것은 한 개의 비참한 현실이었을지도 모른다. 마땅히 시를 초하여야만 할 그의 만년필을 가지고, 그는 매일같이 살인 강도와 방화 범인의 기사를 쓰지 않으면 안 되었다. 그래 이렇게 제 자신의 시간을 가지면 그는 억압당하였던 그의 문학에 대한 열정을 쏟아 논다…….

오늘은 주로 구보의 소설에 대하여서이었다. 그는 즐겨 구보의 작품을 읽는 사람의 하나이다. 그리고 또 즐겨 구보의 작품을 비평하려 드는 독지가였다. 그러나 그의 그러한 호의에도 불구하고, 구보는 자기 작품에 대한 그의 의견에 그다지 신용을 두고 있지 않았다. 언젠가, 벗은 구보의 그리 대단하지 않은 작품을 오직 한 개 읽었을 따름으로, 구보를 완전히 알 수나 있었던 것같이 생각하고 있는 듯싶었다.

오늘은 그러나 구보는 그의 말에 귀를 기울이지 않으면 안 된다. 벗은 요사이 구보가 발표하고 있는 작품을 가리켜서 작자가 그의 나이 분수보다 엄청나게 늙었음을 말했다. 그러나 그뿐이면 좋았다. 벗은 또 작자가 정말 늙지는 않았고, 오직 늙음을 가장하였을 따름이라고 단정하였다. 혹은 그럴지도 모른다. 구보에게는 그러한 경향이 있었을지도 모른다. 그리고 다시 돌이켜 생각하면, 그것이 오직 가장에 그치고, 그리고 작자가 정말 늙지 않았음은, 오히려 구보가 기꺼하여 마땅할 일일 게다.

그러나 구보는 그의 작품 속에서 젊을 수가 없었을지도 모른다. 그가 만약 구태여 그러려 하면, 벗은 이번에는, 작자가 무리로 젊음을 가장하였다고 말할 게다. 그리고 그것은 틀림없이 구보의 마음을 슬프게 하여 줄 게다…….

어느 틈엔가 구보는 그 화제에 권태를 깨닫고, 그리고 저도 모르게 '다섯 개의 임금' 문제를 풀려 들었다. 자기가 완전히 소유한 다섯 개의 임금을 대체 어떠한 순차로 먹어야만 마땅할 것인가. 그것에는 우선 세 가지의 방법이 있을 게다. 그 중 맛있는 놈부터 차례로 먹어 가는 법. 그것은, 언제든 그 중에 맛있는 놈을 먹고 있다는 기쁨을 우리에게 줄 게다. 그러나 그것은 혹은 그 결과가 비참하지나 않을까. 이와 반대로, 그 중 맛없는 놈부터 차례로 먹어 가는 법. 그것은 점입가경, 그러면 안 되는 셈이다. 또 계획 없이 아무거나 집어먹는 법, 그것은…….

구보는 맞은편에 앉아, 그의 문학론에 앙드레 지드의 말을 인용하고 있던 벗을, 갑자기 이 유민다운 문제를 가져 어이없게 만들어 주었다. 벗은 대체 그 다섯 개의 임금이 문학과 어떠한 교섭을 갖는가 의혹하며, 자기는 일찍이 그러한 문제를 생각하여 본 일이 없노라 말하고

"그래, 그것이 어쨌단 말이야."

"어쩌기는 무에 어째."

그리고 구보는 오늘 처음으로 명랑한, 혹은 명랑을 가장한 웃음을 웃었다.

문득

창밖 길가에, 어린애 울음소리가 들린다. 그것은 울음소리에는 틀림없었다. 그러나 어린애의 것보다는 오히려 짐승의 소리에 가까웠다. 구보는 〈율리시즈〉를 논하고 있는 벗의 탁설에는 상관없이, 대체 누가 또 죄악의 자식을 낳았누, 하고 생각한다.

가엾은 벗이 있었다. 그는, 어렸을 때부터 그렇게도 불행하였던 그는, 온갖 고생을 겪지 않으면 안 되었었고, 또 그렇게 경난한 사람이었던 까닭에, 벗과의 사귐에 있어서도 가장 관대한 품이 있었다. 그는 거의 구보의 친구였다. 그러나 그에게는 남자로서의 가장 불행한 약점이 있었다. 그의 앞에서 구보가 말을 한다면, '다정다한', 이러한 문자를 사용할 게다. 그러나 그것은 한 개의 수식에 지나지 않았고, 그 벗의 통제를 잃은 성본능은 누가 보기에도 진실로 딱한 것임에 틀림없었다. 구보는 왕왕히 그 벗의 여성에 대한 심미안에 의혹을 갖기조차 하였다. 그러나 오히려 그러고 있는 동안은 좋았다. 마침내 비극이 왔다. 그 벗은, 결코 아름답지도 총명하지도 않은 한 여성을 사랑하고, 여자는 또 남자를 오직 하나의 사내라 알았을 때, 비극은 비롯한다. 여자가 어느 날 저녁 남자와 마주 앉아 얼굴조차 붉히고, 그리고 자기가 이미 홀몸이 아님을 고백하였을 때, 남자는 어느 틈엔가 그 여자에게 대하여 거의 완전히 애정을 상실하고 있었다. 여자는 어리석게도 모성됨의 기쁨을 맛보려 하였고, 그리고 남자의 사랑을 좀더 확실히 포착할 수 있을 것

같이 생각하였다. 그러나 남자는 오직 제 자신이 곤경에 빠졌음을 한하고, 그리고 또 그 젊은 어미에게 대한 자기의 책임을 느끼지 않으면 안 되었던 까닭에, 좀더 그 여자를 미워하였을지도 모른다.

여자는 그러나 남자의 변심을 깨닫지 못하였을지도 모른다. 또 설혹 그가 알 수 있었더라도 역시 그 수밖에 없었을지도 모른다. 여자는 돌도 안 된 아이를 안고, 남자를 찾아 서울로 올라왔다. 그러나 그 곳에는 그들 모자를 위하여 아무러한 밝은 길이 없었다. 이미 반생을 고락을 같이하여 온 아내가 남자에게는 있었고, 또 그와 견주어 볼 때, 이 가정의 침입자는 어떠한 점으로든 떨어졌다. 특히 아이와 아이를 비하여 볼 때 그러하였다. 가엾은 사생자는 나이 분수보다 엄청나게나 거대한 체구와 또 치매적 안모를 가지고 있었다.

그러나 그것만이라면 오히려 좋았다. 한번 그 아이의 울음소리를 들을 수 있었을 때, 사람들은 가장 언짢고 또 야릇한 느낌을 갖지 않으면 안 되었다. 그것은 결코 사람의 아이의 울음이 아니었다. 그것은 그들의, 특히 남자의 죄악에 진노한 신이, 그 아이의 비상한 성대를 빌려, 그들의, 특히 남자의 죄악을 규탄하고, 또 영구히 저주하는 것인 것만 같았다…….

구보는 그저 〈율리시즈〉를 논하고 있는 벗을 깨닫고, 불쑥 그야 '제임스 조이스'의 새로운 시험에는 경의를 표하여야 마땅할 게지. 그러나 그것이 새롭다는, 오직 그 점만 가지고 과중 평가를 할 까닭이야 없지. 그리고 벗이 그 말에 대하여 항의를 하려 하였을 때, 구보는 의자에서 몸을 일으키어 벗의 등을 치고, 자—그만 나갑시다.

그들이 밖에 나왔을 때, 그 곳에 황혼이 있었다. 구보는 이 시간에, 이 거리에 맑고 깨끗함을 느끼며, 문득 벗을 돌아보았다.

"이제 어디로 가."

"집으루 가지."

벗은 서슴지 않고 대답하였다. 구보는 대체 누구와 이 황혼을 지내야 할 것인가 망연하여한다.

전차를 타고

벗은 이내 집으로 돌아가고 말았다. 집이 아니다. 여사(여관)였다. 주인집 식구말고 아무도 없을 여사로, 그는 그렇게 저녁 시간을 맞추어 가야만 할까. 만약 그것이 단지 저녁밥을 먹기 위하여서의 일이라면…….

"지금부터 집엘 가서 무얼 할 생각이오."

그러나 그것은 물론 어리석은 물음이었다. '생활'을 가진 사람은 마땅히 제 집에서 저녁을 먹어야 할 게다. 벗은 구보와 비겨볼 때, 분명히 생활을 가지고 있었다.

하루의 대부분을 속무에 헤매지 않으면 안 되었던 그는, 이제 저녁 후의 조용한 제 시간을 가져 독서와 창작에서 기쁨을 찾을 게다. 구보는, 구보는 그러나 요사이 그 기쁨을 못 갖는다.

어느 틈엔가 구보는 종로 네거리에 서서, 그 곳에 황혼과 또 황혼을 타서 거리로 나온 노는 계집의 무리들을 본다. 노는 계집들은 오늘도 무지를 싸고 거리에 나왔다. 이제 곧 밤은 올 게요 그리고 밤은 분명히 그들의 것이었다. 구보는 포도 위에 눈을 떨어뜨려, 그 곳에 무수한 화려한 또는 화려하지 못한 다리를 보며, 그들의 걸음걸이를 가장 위수로웁다 생각한다. 그들은 모두가 숙녀화에 익숙하지 못한 것은 아니다. 그러나 그러함에도 불구하고 그들은 모두들 가장 서투르고, 부자연한 걸음걸이를 갖는다. 그들은 역시 '위수로운 것'이라고밖에 말할 수 없는 것임에 틀림없었다.

그들은, 그러나 물론 그런 것을 그네 자신 깨닫지 못한다. 그들의 세상살이의 걸음걸이가 얼마나 불안정한 것인가를 깨닫지 못한다. 그들은 누구라 하나의 인생에 확실한 목표를 가지고 있지 않았으나, 무지는 거의 완전히 그 불안에서 그들의 눈을 가리어 준다.

그러나 포도를 울리는 것은 물론 그들의 가장 불안정한 구두 뒤축뿐이 아니었다. 생활을, 생활을 가진 온갖 사람들의 발끝은 이 거리 위에서 모두 자기네들 집으로 향하여 놓여 있었다. 집으로 집으로, 그들은 그들의 만찬과 가족의 얼굴과 또 하루 고역 뒤의 안위를 찾아 그렇게도 기꺼이 걸어가고 있다. 문득, 저도 모를 사이에 구보의 입술을 새어 나오는 탁목의 단가――.

누구나 모두 집 가지고 있다는 애달픔이여

무덤에 들어가듯

돌아와서 자옵네

그러나 구보는 그러한 것을 초저녁의 거리에서 느낄 필요는 없다. 아직 그는 집에 돌아가지 않아도 좋았다. 그리고 좁은 서울이었으나, 밤늦게까지 헤맬 거리와 들를 처소가 구보에게 있었다.

그러나 대체 누구와 이 황혼을……구보는 거의 자신을 가지고 걷기 시작한다. 벗이 있다. 황혼을, 또 밤을 같이 지낼 벗이 구보에게 있다. 종로경찰서 앞을 지나 하얗고 납작한 조그만 다료엘 들른다.

그러나 주인은 없었다. 구보가 다시 문으로 향하여 나오면서, 왜 자기는 그와 미리 맞추어 두지 않았던가, 뉘우칠 때, 아이가 생각난 듯이 말했다. 참, 곧 돌아오신다구요, 누구 오시거든 기다리시라구요. '누구'가 혹은 특정한 인물일지도 모른다. 벗은 혹은 구보와 이제 행동을 같이할 수 없을지도 모른다. 그래도 사람은 언제든 희망을 가져야 하고, 달리 찾을 벗을 갖지 아니한 구보는 하여튼 이제 자리에 앉아, 돌아올 벗을 기다려야 한다.

여자를

동반한 청년이 축음기 놓여 있는 곳 가까이 앉아 있었다. 그는 노는 계집 아닌 여성과 그렇게 같이 앉아 차를 마실 수 있는 것에 득의와 또 행복을 느낄 수 있었는지도 모른다. 그의 육체는 건강하였고, 또 그의 복장은 화미하였고, 그리고 그의 여인은 그에게 그렇게도 용이하게 미소를 보여 주었던 까닭에, 구보는 그 청년에 엷은 질투와 또 선망을 느끼지 않으면 안 되었다. 그뿐 아니다. 그 청년은 한 개의 인단 용기와, 로도 목약(안약)을 가지고 있는 것에조차 철없는 자랑을 느낄 수 있었던 듯싶었다. 구보는 제 자신 포용력을 가지고 있는 듯싶게 가장하는 일 없이, 그의 명랑성에 참말 부러움을 느낀다.

그 사상에는 황혼의 애수와 또 고독이 혼화되어 있었는지도 모른다. 구보는 극히 음울한 제 표정을 깨닫고, 그리고 이 안에 거울이 없음을 다행하여한다. 일찍이 어느 시인이 구보의 이 심정을 가리켜 독신자의 비애라 하였다. 그러나 그것은 언뜻 그러한 듯싶으면서도 옳지 않았다.

구보가 새로운 사랑을 찾으려 하지 않고, 때로 좋은 벗의 우정에 마음을 의탁하려 한 것은 제법 오랜 일이다…….

어느 틈엔가 그 여자와 축복받은 젊은이는 이 안에서 사라지고, 밤은 완전히 다료 안팎에 왔다. 이제 어디로 가나. 문득, 구보는 자기가 그동안 벗을 기다리면서도 벗을 잊고 있었던 사실에 생각이 미치고, 그리고 호젓한 웃음을 웃었다. 그것은 일찍이, 사랑하는 여자와 마주 대하여 권태와 고독을 느끼었던 것보다도 좀더 애처로운 일임에 틀림없었다.

구보의 눈이 갑자기 빛났다. 참, 그는 그 뒤 어찌 되었을구. 비록 어

떠한 종류의 것이든 추억을 갖는다는 것은 사람의 마음을 고요하게, 또 기쁘게 하여 준다.

동경의 가을이다. '간다(일본 도쿄의 한 중심가)' 어느 철물전에서 한 개의 '네일 크리퍼(손톱깎이)'를 구한 구보는 '짐보오오' 그가 가끔 드나드는 끽다점(찻집)을 찾았다. 그러나 그것은 휴식을 위함도, 차를 먹기 위함도 아니었던 듯싶다. 오직 오늘 새로 구한 것으로 손톱을 깎기 위함이어서만인지도 몰랐다. 그 중 구석진 테이블. 그 중 구석진 의자. 통속 작가들이 즐겨 취급하는 종류의 로맨스의 발단이 그 곳에 있었다. 광선이 잘 안 들어오는 그 곳 마룻바닥에서 구보의 발길에 차인 것. 한 권 대학노트에는 윤리학 석 자와 임 자가 든 성명이 기입되어 있었다.

그것은 일종의 죄악일 게다. 그러나 젊은이들에게 그만한 호기심은 허락되어도 좋다. 그래도 구보는 다른 좌석에서 잘 안 보이는 위치에 노트를 놓고, 그리고 손톱을 깎을 것도 잊고 있었다.

제1장 서론. 제1절 윤리학의 정의. 2. 규범 과학. 제2장 본론. 도덕 판단의 대상. C 동기설과 결과설. 예1. 빈가의 자손이 효양을 위해서 절도함. 2. 허영심을 만족키 위한 자선 사업. 제2학기. 3. 품성 형성의 요소. 1. 의지 필연론…….

그리고 여백에 연필로, 그러나 수치심은 사랑의 상상 작용에 조력을 준다. 이것은 사랑에 생명을 주는 것이다. 스탕달의 〈연애론〉의 1절. 그리고는 연락 없이, 서부 전선 이상 없다. 요시야 노부코. 아쿠타가와 류노스케. 어제 어디 갔었니. 〈라부파레드〉를 보았니. ……이런 것들이 씌어 있었다.

다료의 주인이 돌아왔다. 아, 언제 왔소, 오래 기다렸소. 무슨 좋은 소식 있소. 구보는 대답 없이 자리에서 일어나, 노트와 단장을 집어 들고, 저녁 먹으러 나갑시다. 그리고 속으로 지난날의 조그만 로맨스를 좀

더 이어 생각하려 한다.

다료에서

나와 벗과 대창옥으로 향하며, 구보는 문득 대학노트 틈에 끼여 있었던
한 장의 엽서를 생각하여 본다. 물론 처음에 그는 망살거렸었다. 그러나
여자의 숙소까지를 알 수 있었으면서도 그 한 기회에서 몸을 피할 수는
없었다. 그는 우선 젊었고, 또 그것은 흥미있는 일이었다. 소설가다운
온갖 망상을 즐기며, 이튿날 아침 구보는 이내 여자를 찾았다. 우시코미
구 야라이초(도쿄의 동네 이름). 주인집은 그의 신조사 근처에 있었다.
인품 좋은 주인 여편네가 나왔다 들어간 뒤, 현관에 나온 노트 주인은
분명히…… 그들이 걸어가고 있는 쪽에서 미인이 왔다. 그들을 보고 빙
그레 웃고, 그리고 지났다. 벗의 다료 옆, 카페 여급. 벗이 돌아보고 구
보의 의견을 청하였다. 어때, 예쁘지. 사실, 여자는 이러한 종류의 계집
으로서는 드물게 어여뻤다. 그러나 그는 이 여자보다 좀더 아름다웠던
것임에 틀림없었다.

　어서 옵쇼. 설렁탕 두 그릇만 주——. 구보가 노트를 내어놓고, 자기
의 실례에 가까운 심방에 대한 변해를 하였을 때, 여자는 순간에 얼굴
이 붉어졌었다. 모르는 남자에게 정중한 인사를 받은 까닭만이 아닐 게
다. 어제 어디 갔었니. 요시야 노부코. 구보는 문득 그런 것들을 생각해
내고, 여자 모르게 빙그레 웃었다. 맞은편에 앉아, 벗은 숟가락 든 손을
멈추고 빠안히 구보를 바라보았다. 그 눈은 무슨 생각을 하고 있느냐,
물었는지도 모른다. 구보는 생각의 비밀을 감추기 위하여 의미 없이 웃
어 보였다. 좀 올러 오세요. 여자는 그렇게 말하였었다. 말로는 태연하
게, 그러면서도 그의 볼은 역시 처녀다웁게 붉어졌다. 구보는 그의 말을

쫓으려다 말고 불쑥, 같이 산책이라도 안하시렵니까, 볼일 없으시면. 그날은 일요일이었고, 여자는 마악 어디 나가려던 차인지 나들이옷을 입고 있었다. 통속 소설은 템포가 빨라야 한다. 그 전날, 윤리학 노트를 집어 들었을 때부터 이미 구보는 한 개 통속 소설의 작자이었고 동시에 주인공이었던 것임에 틀림없었다. 그는 여자가 기독교 신자인 경우에는 제 자신 목사의 졸음 오는 설교를 들어도 좋다고까지 생각하고 있었다. 여자는 또 한 번 얼굴을 붉히고, 그러나 구보가 만약 볼일이 계시다면, 하고 말하였을 때 당황하게, 아니에요, 그럼 잠깐 기다려 주세요, 그리고 여자는 핸드백을 들고 나왔다. 분명히 자기를 믿고 있는 듯싶은 여자 태도에 구보는 자신을 갖고, 참, 이번 주일에 무장야관 구경하셨습니까. 그리고 그와 함께 그러한 자기가 할 일 없는 불량 소년같이 생각되고, 또 만약 여자가 그렇게도 쉽사리 그의 유인에 빠진다면, 그것은 아무리 통속 소설이라도 독자는 응당 작자를 신용하지 않을 게라고 속으로 싱거웁게 웃었다. 그러나 설혹 그렇게도 쉽사리 여자가 그를 쫓더라도 구보는 그것을 경박하다고 생각하고 싶지 않았다. 그것에는 경박이란 문자는 맞지 않을 게다. 구보의 자부심으로서는 여자가 초면임에도 불구하고 자기를 족히 믿을 만한 남자라 알아볼 수 있도록 그렇게 총명하다고 생각하고 싶었다.

여자는 총명하였다. 그들이 무장야관 앞에서 자동차를 내렸을 때, 그러나 구보는 잠시 그 곳에 우뚝 서 있을 수밖에 없었다. 그것은 뒤에서 내리는 여자를 기다리기 위하여서가 아니다. 그의 앞에 외국 부인이 빙그레 웃으며 서 있었던 까닭이다. 구보의 영어 교사는 남녀를 번갈아 보고, 새로이 의미심장한 웃음을 웃고 오늘 행복을 비오, 그리고 제 길을 걸었다. 그것에는 혹은 삼십 독신녀의 젊은 남녀에게 대한 빈정거림이 있었는지도 모른다. 구보는 소년과 같이 이마와 콧잔등이에 무수한 땀방울을 깨달았다. 그래 구보는 바지 주머니에서 수건을 꺼내어 그것을 씻지 않으면 안 되었다. 여름 저녁에 먹은 한 그릇의 설렁탕은 그렇게도 더웠다.

이 곳을

나와, 그러나 그들은 한길 위에 우두머니 선다. 역시 좁은 서울이었다. 동경이면, 이러한 때 구보는 우선 은좌로라도 갈 게다. 사실 그는 여자를 돌아보고, 은좌로 가서 차라도 안 잡수시렵니까, 그렇게 말하고 싶었었다. 그러나 순간에, 지금 마악 보았을 따름인 영화의 한 장면을 생각해 내고, 구보는 제가 취할 행동에 자신을 가질 수 없었을지도 모른다. 규중 처자를 꼬여 오페라 구경을 하고, 밤늦게 다시 자동차를 몰아 어느 별장으로 향하던 불량 청년. 언뜻 생각하면 그의 옆 얼굴과 구보의 것과 사이에 일맥상통한 점이 있었던 듯도 싶었다. 구보는 쓰디쓰게 웃고, 그러나 그러한 것은 어떻든, 은좌가 아니라도 어디 이 근처에서라도 차나 먹고…… 참, 내 정신 좀 보아. 벗은 갑자기 소리치고 자기가 이 시각에 꼭 만나야 할 사람이 있음을 말하고, 그리고 이제 구보가 혼자서 외로울 것을 알고 있었으므로, 그는 미안한 표정을 지었다. 여자가 주저하며, 그만 집으로 돌아가야겠다고 구보를 곁눈질하였을 때에도, 역시 그러한 표정이었던 것임에 틀림없었다. 우리 열 점쯤 해서 다방에서 만나기로 합시다. 열 점. 응, 늦어도 열 점 반. 그리고 벗은 전찻길을 횡단하여 갔다.

전찻길을 횡단하여 저편 포도 위를 사람 틈에 사라져 버리는 벗의 뒷모양을 바라보며, 어인 까닭도 없이, 이슬비 내리던 어느 날 저녁 히비야 공원 앞에서의 여자를 구보는 애닯다, 생각한다.

아, 구보는 악연히 고개를 들어 뜻없이 주위를 살피고 그리고 기계적으로 몇 걸음 앞으로 나갔다. 아아, 그예 생각해 내고 말았다. 영구히 잊고 싶다, 생각한 그의 일을 왜 기억 속에서 더듬었더냐. 애닲고 또 쓰린 추억이란, 결코 사람 마음을 고요하게도 기쁘게도 하여 주는 것은 아니었다.

여자는 그가 구보와 알기 전에 이미 약혼하고 있었던 사나이의 문제를 가지고, 구보의 결단을 빌었다. 불행히 그 사나이를 구보는 알고 있었다. 중학 시대의 동창생. 서로 소식 모르고 지낸 지 오 년이 넘었어도 그의 얼굴은 구보의 머릿속에 분명하였다. 그 우둔하고 또 순직한 얼굴. 더욱이 그 선량한 눈을 생각할 때 구보의 마음은 아팠다. 비 내리는 공원 안을 그들은 생각에 잠겨, 생각에 울어, 날 저무는 줄도 모르고 헤매 돌았다.

참지 못하고 구보는 걷기 시작한다. 사실 나는 비겁하였을지도 모른다. 한 여자의 사랑을 완전히 차지하는 것에 행복을 느껴야만 옳았을지도 모른다. 의리라는 것을 생각하고, 비난을 두려워하고 하는, 그러한 모든 것이 도시 남자의 사랑이, 정열이 부족한 까닭이라, 여자가 울며 탄하였을 때, 그 말은, 그 말은 분명히 옳았다, 옳았다.

구보가 바래다 주려도, 아니에요, 이대로 내버려 두세요, 혼자 가겠어요, 그리고 비에 젖어 눈물에 젖어, 황혼의 거리를 전차도 타지 않고 한없이 걸어가던 그의 뒷모양. 그는 약혼한 사나이에게로도 가지 않았다. 그가 불행하다면 그것은 오로지 사나이의 약한 기질에 근원할 게다. 구보는 때로, 그가 어느 다행한 곳에서 그의 행복을 차지하고 있는 것같이 생각하고 싶었어도, 그 사상은 너무나 공허하다.

어느 틈엔가 황토마루 네거리에까지 이르러, 구보는 그 곳에 충동적으로 우뚝 서며 괴로운 숨을 토하였다. 아아, 그가 보고 싶다. 그의 소식이 알고 싶다. 낮에 거리에 나와 일곱 시간, 그것은 오직 한 개의 진정이었을지 모른다. 아아, 그가 보고 싶다. 그의 소식이 알고 싶다……

광화문통

그 멋없이 넓고 또 쓸쓸한 길을 아무렇게나 걸어가며, 문득 자기는 혹은 위선자나 아니었었나 하고, 구보는 생각하여 본다. 그것은 역시 자기의 약한 기질에 근원할 게다. 아아, 온갖 악은 인성의 약함에서, 그리고 온갖 불행이……

또다시 너무나 가엾은 여자의 뒷모양이 보였다. 레인코트 위에 빗물은 흘러내리고, 우산도 없이 모자 안 쓴 머리가 비에 젖어 애닯다. 기운 없이, 기운 있을 수 없이, 축 늘어진 두 어깨. 주머니에 두 팔을 꽂고, 고개 숙여 내어디디는 한 걸음, 또 한 걸음, 그 조그맣고 약한 발에 아무러한 자신도 없다. 뒤따라 그에게로 달려가야 옳았다. 달려들어 그의 조그만 어깨를 으스러져라 잡고, 이제까지 한 나의 말은 모두 거짓이었다고, 나는 결코 이 사랑을 단념할 수 없노라고, 이 사랑을 위하여는 모든 장애와 싸워 가자고, 그렇게 말하고, 그리고 이슬비 내리는 동경 거리에서 두 사람은 무한한 감격에 울었어야만 옳았다.

구보는 발 앞의 조약돌을 힘껏 찼다. 격렬한 감정을, 진정한 욕구를, 힘써 억제할 수 있었다는 데서 그는 값없는 자랑을 얻으려 하였었는지도 모른다. 이것이, 이 한 개 비극이 우리들 사랑의 당연한 귀결이라고 그렇게 생각하려 들었던 자기. 순간에 또 벗의 선량한 두 눈을 생각해 내고 그의 원만한 천성과 또 금력이 여자를 행복하게 하여 주리라 믿으려 들었던 자기. 그 왜곡된 감정이 구보의 진정한 마음의 부르짖음을 틀어막고야 말았다. 그것은 옳지 않았다. 구보는 대체 무슨 권리를 가져 여자의, 그리고 자기 자신의 감정을 농락하였나. 진정으로 여자를 사랑하였으면서도 자기는 결코 여자를 행복하게 하여 주지는 못할 게라고, 그 부전감(불완전한 감정)이 모든 사람을, 더욱이 가엾은 애인을 참말 불행하게 만들어 버린 것이 아니었던가. 그 길 위에 깔린 무수한 조약돌을 힘껏 차 허트리고, 구보는 아아, 내가 그릇하였다, 그릇하였다.

철겨운 봄노래를 부르며, 열 살이나 그밖에 안 된 아이가 지났다. 아이에게 근심은 없다. 잘 안 돌아가는 혀끝으로, 술주정꾼이 두 명, 어깨동무를 하고 수심가를 불렀다. 그들은 지금 만족이다. 구보는 문득, 광명을 찾은 것 같은 착각을 느끼고, 어두운 거리 위에 걸음을 멈춘다. 이제 그와 다시 만날 때, 나는 이미 약하지 않다. 나는 그 과오를 거듭 범하지 않는다. 우리는 영구히 다시 떠나지 않는다…… 그러나 그를 어디가 찾누. 어허, 공허하고 또 암담한 사상이여. 이 넓고 또 훵엉한 광화문 거리 위에서, 한 개의 사나이 마음이 이렇게도 외롭고 또 가엾을 수 있었나.

각모 쓴 학생과 젊은 여자가 어깨를 나란히 하여 구보 앞을 지나갔다. 그들의 걸음걸이에는 탄력이 있었고, 그들의 말소리는 은근하였다. 사랑하는 이들이여 그대들 사랑에 언제든 다행한 빛이 있으라. 마치 자애 깊은 부노와 같이 구보는 너그러웁고 사랑 가득한 마음을 가지고 진정으로 그들을 축복하여 준다.

이제

어디로 갈 것을 잊은 듯이, 그러한 필요가 없어진 듯이, 얼마 동안을 구보는 그 곳에 가 망연히 서 있었다. 가엾은 애인. 이 작품의 결말은 이대로 좋을 것일까. 이제, 뒷날 그들은 다시 만나는 일도 없이, 옛 상처를 스스로 어루만질 뿐으로, 언제든 외롭고 또 애달퍼야만 할 것일까.
그러나, 그 즉시 아아, 생각을 말리라. 구보는 의식하여 머리를 흔들고,
그리고 좀 급한 걸음걸이로 온 길을 되걸어갔다. 그래도 마음에 아픔은
그저 있었고, 고개 숙여 걷는 길 위에, 발에 차이는 조약돌이 회상의 무
수한 파편이다. 머리를 들어 또 한 번 뒤흔들고, 구보는 참말 생각을 말
리라 말리라…….

　이제 그는 마땅히 다방으로 가, 그 곳에서 벗과 다시 만나, 이 한밤의
시름을 덜 도리를 하여야 한다. 그러나 그가 채 전차 선로를 횡단할 수
있기 전에 그는 '눈깔 아저씨――' 하고 불리고, 그리고 그가 걸음을 멈
추고 돌아보았을 때, 그의 단장과 노트 든 손은 아이들의 조그만 손에
붙잡혔다. 어디를 갔다 오니. 구보는 웃는 얼굴을 짓기에 바쁘다. 어느
벗의 조카아이들이다. 아이들은 구보가 안경을 썼대서 언제든 눈깔 아
저씨라 불렀다. 야시 갔다 오는 길이라우. 그런데 왜 요새 토용 집에 안
오우, 눈깔 아저씨. 응, 좀 바빠서……. 그러나 그것은 거짓이었다. 구
보는, 순간에, 자기가 거의 달포 이상을 완전히 이 아이들을 잊고 있었
던 사실을 기억에서 찾아내고, 이 천진한 소년들에게 참말 미안하다 생
각한다.

　가엾은 아이들이다. 그들은 결코 아버지의 사랑을 몰랐다. 그들의 아
버지는 다섯 해 전부터 어느 시골서 따로 살림을 차렸고, 그들은 그래
거의 완전히 어머니의 손으로서만 길러졌다. 어머니에게 허물은 없었
다. 그러면 아버지에게. 아버지도 말하자면 착한 이였다. 그러나 그에게
는 역시 여자에게 대하여 방종성이 있었다. 극도의 생활난 속에서, 그래
도, 어머니는 아이들을 학교에 보냈다. 열여섯짜리 큰딸과 아래로 삼 형
제. 끝의 아이는 학령이었다. 삶의 어려움을 하소연하면서도 그 애마저
보통학교에 입학시킬 것을 어머니가 기쁨 가득히 말하였을 때, 구보의

머리는 저모르게 숙여졌었다.

　구보는 아이들을 사랑한다. 아이들의 사랑을 받기를 좋아한다. 때로, 그는 아이들에게 아첨하기조차 하였다. 만약 자기가 사랑하는 아이들이 자기를 따르지 않는다면—— 그것은 생각만 하여 볼 따름으로 외롭고 또 애달펐다. 그러나 아이들은 그렇게도 단순하다. 그들은, 그들을 사랑하는 사람을 반드시 따랐다.

　눈깔 아저씨, 우리 이사한 담에 언제 왔수. 바루 저 골목 안이야. 같이 가아 응. 가 보고도 싶었다. 그러나 역시 시간을 생각하고, 벗을 놓칠 것을 염려하고, 그는 이내 그것을 단념하는 수밖에 없었다. 어찌할구. 구보는, 저편에 수박 실은 구루마를 발견하였다. 너희들 배탈 안 났니. 아아니, 왜 그러우. 구보는 두 아이에게 수박을 한 개씩 사서 들려주고, 어머니 갖다 드리구 노나 줍쇼, 그래라. 그리고 덧붙여 쌈 말구 똑같이들 노나야 한다. 생각난 듯이 큰 아이가 보고하였다. 지난번에 필운이 아저씨가 바나나를 사 왔는데, 누나는 배탈이 나서 먹지를 못했죠, 그래 막 까시(놀리는 말)를 올렸더드니만…… 구보는 그 말괄량이 소녀의, 거의 울가망이 된 얼굴을 눈앞에 그려 보고 빙그레 웃었다. 마침 앞을 지나던 한 여자가 날카로웁게 구보를 흘겨보았다. 그의 얼굴은 결코 어여쁘지 못했다. 뿐만 아니라 무에 그리 났는지, 그는 얼굴 전면에 대소 수십 편의 삐꾸(여드름약)를 붙이고 있었다. 응당 여자는 구보의 웃음에서 모욕을 느꼈을 게다. 구보는 갑자기 홍소하였다. 어쩌면 이제 구보는 명랑하여질 수 있을지도 모른다.

그래도

집으로 자꾸 가자는 아이들을 달래어 보내고, 구보는 다방으로 향한다.

이 거리는 언제든 밤에, 행인이 드물었고, 전차는 한길 한복판을 가장 게으르게 굴러갔다. 결코 화안하지 못한 이 거리, 가로수 아래, 한두 명의 부녀들이 서고 혹은 앉아 있었다. 그들은 물론 거리에 봄을 파는 종류의 여자들은 아니었을 게다. 그래도 이 밤들면, 언제든 쓸쓸하고, 또 어두운 거리 위에 그것은 몹시 음울하고도 또 고혹적인 존재였다. 그렇게도 갑자기 부란된 성욕을 구보는 이 거리 위에서 느낀다.

문득, 제비와 같이 경쾌하게 전보 배달의 자전거가 지나간다. 그의 허리에 찬 조그만 가방 속에 어떠한 인생이 압축되어 있을 것인고. 불안과 초조와 기대와…… 그 조그만 종이 위의 그 짧은 문면은 그렇게도 용이하게, 또 확실하게 사람의 감정을 지배한다. 사람은 제게 온 전보를 받아들 때 그 손이 가만히 떨림을 스스로 깨닫지 못한다. 구보는 갑자기 자기에게 온 한 장의 전보를 그 봉함을 떼지 않은 채 손에 들고 감동하고 싶은 충동을 느꼈다. 전보가 못 되면, 보통 우편물이라도 좋았다. 이제 한 장의 엽서에라도 구보는 거의 감격을 가질 수 있을 게다.

흥 하고 구보는 코웃음 쳐 보았다. 그 사상은 역시 성욕의, 어느 형태로서의 한 발현에 틀림없었다. 그러나 물론 이 결코 부자연하지 않은 생리적 현상을 무턱대고 업신여길 의사는 구보에게 없었다. 사실 서울에 있지 않은 모든 벗을 구보는 잊은 지 오래었고 또 그 벗들도 이미 오랫동안 소식을 전하여 오지 않았다. 그들은 모두 지금 무엇들을 하구 있을구. 한 해에 단 한 번 연하장을 보내 줄 따름의 벗에까지, 문득 구보는 그리움을 가지려 한다. 이제 수천 매의 엽서를 사서, 그 다방 구석진 탁자 위에서, ……어느 틈엔가 구보는 가장 열정을 가지고, 벗들에게 편지를 쓰고 있는 제 자신을 보았다. 한 장, 또 한 장, 구보는 재떨이 위에 생담배가 타고 있는 것도 깨닫지 못하고, 그가 기억하고 있는 온갖 벗의 이름과 또 주소를 엽서 위에 흘려 썼다…… 구보는 거의 만족한 웃음조차 입가에 띠며, 이것은 한 개 단편 소설의 결말로는 결코 비속하지 않다, 생각하였다. 어떠한 단편 소설의——. 물론 구보는 아직 그 내용을 생각하지 않았다.

그러나 그러한 것은 어떻든 벗들의 편지가 참말 보고 싶었다. 누가 내게 그 기쁨을 주지는 않는가. 문득 구보의 걸음이 느려지며, 그동안 집에 편지가 와 있지나 않을까, 그리고 그것은 가장 뜻하지 않았던 옛 벗으로부터의 열정이 넘치는 글이나 아닐까, 하고 제맘대로 꾸며 생각하고, 그리고 물론 그것이 얼마나 근거 없는 생각인 줄 알았어도, 구보는 그 애달픈 기쁨을 그렇게도 가혹하게 깨뜨려 버리려 하지 않았다. 그러나 그것은 벗에게서 온 편지는 아닐지도 모른다. 혹은 어느 신문사나 잡지사나…… 그러면 그 인쇄된 봉투에 어머니는 반드시 기대와 희망을 갖고, 그것이 아들에게 무슨 크나큰 행운이나 약속하고 있는 거나 같이 몇 번씩 놓았다 들었다, 또는 전등불에 비추어 보았다…… 그리고 기다려도 안 들어오는 아들이 편지를 늦게 보아 그만 그 행운을 놓치고 말지나 않을까, 그러한 경우까지를 생각하고 어머니는 안타까워할 게다. 그러나 가엾은 어머니가 그렇게까지 감동을 가진 그 서신이 급기야 뜯어 보면, 신문 일 회분의, 혹은 잡지 한 페이지분의 잡문의 의뢰이기 쉬웠다.

구보는 쓰디쓰게 웃고 다방 안으로 들어선다. 사람은 그 곳에 많았어도 벗은 있지 않았다. 그는 이제 이 곳에서 벗을 기다려야 한다.

다방을

찾는 사람들은 어인 까닭인지 모두들 구석진 좌석을 좋아하였다. 구보는 하나 남아 있는 가운데 탁자에 가 앉는 수밖에 없었다. 그래도 그는 그 곳에서 엘만의 〈발스 싼티만탈〉을 가장 마음 고요히 들을 수 있었다. 그러나 그 선율이 채 끝나기 전에 방약무인한 소리가 구보씨 아니오──. 구보는 다방 안의 모든 사람들의 시선을 온몸에 느끼며, 소리 나는 쪽을 돌아보았다. 중학을 이삼 년 일찍 마친 사나이. 어느 생명보험회사의 외교원이라는 말을 들었다. 평소에 결코 왕래가 없으면서도 이제 이렇게 알은 체를 하려는 것은 오직 얼굴이 새빨개지도록 먹은 술 탓인지도 몰랐다. 구보는 무표정한 얼굴로 약간 끄덕하여 보이고 즉시 고개를 돌렸다. 그러나 그 사나이가 또 한 번 역시 큰 소리로, 이리 좀 안 오시료, 하고 말하였을 때, 구보는 게으르게나마 자리에서 일어나, 그의 탁자로 가는 수밖에 없었다. 이리 좀 앉으시오. 참, 최 군, 인사하지. 소설가, 구보씨.

이 사나이는, 어인 까닭인지 구보를 반드시 '구포'라고 발음하였다. 그는 맥주병을 들어 보고, 아이 쪽을 향하여 더 가져오라고 소리치고, 다시 구보를 보고, 그래 요새두 많이 쓰시우. 무어 별로 쓰는 것 '없습니다'. 구보는 자기가 이러한 사나이와 접촉을 가지게 된 것에 지극한 불쾌를 느끼며, 경어를 사용하는 것으로 그와 사이에 간격을 두기로 하였다. 그러나 이 딱한 사나이는 도리어 그것에서 일종 득의감을 맛볼 수 있었는지도 모른다. 그뿐 아니라, 그는 한 잔 십 전짜리 차들을 마시고 있는 사람들 틈에서 그렇게 몇 병씩 맥주를 먹을 수 있는 것에 우월감을 갖고, 그리고 지금 행복이었을지도 모른다. 그는 구보에게 술을 따라 권하고, 내 참 구보씨 작품을 애독하지. 그리고 그러한 말을 하였음에도 불구하고 구보가 아무런 감동도 갖지 않은 듯싶은 것을 눈치채자,

"사실, 내 또 만나는 사람마다 보구, 구보씨를 선전하지요."

그러한 말을 하고는 혼자 허허 웃었다. 구보는 의미 몽롱한 웃음을

웃으며 문득, 이 용감하고 또 무지한 사나이를 고급으로 채용하여 구보 독자 권유원을 시키면, 자기도 응당 몇십 명의 또는 몇백 명의 독자를 획득할 수 있을지 모르겠다고 그런 난데없는 생각을 하여 보고, 그리고 혼자 속으로 웃었다. 참, 구보 선생, 하고 최 군이라 불린 사나이도 말 참견을 하여, 자기가 독견의 〈승방비곡〉과 윤백남의 〈대도전〉을 걸작이라 여기고 있는 것에 구보의 동의를 구하였다. 그리고 이 어느 화재보험회사의 권유원인지도 알 수 없는 사나이는 가장 영리하게,

"물론 선생님의 작품을 따루 치고……."

그러한 말을 덧붙였다. 구보가 간신히 그것들을 좋은 작품이라 말하였을 때, 최 군은 또 용기를 얻어, 참 조선서 원고료는 얼마나 됩니까. 구보는 이 사나이가 원호료라 발음하지 않는 것에 경의를 표하였으나 물론 그는 이러한 종류의 사나이에게 조선 작가의 생활 정도를 알려 주어야 할 아무런 의무도 갖지 않는다.

그래, 구보는 혹은 상대자가 모멸을 느낄지도 모를 것을 알면서도 불쑥, 자기는 이제까지 고료라는 것을 받아 본 일이 없어, 그러한 것은 조금도 모른다 말하고, 마침 문을 들어서는 벗을 보자 그만 실례합니다. 그리고 그들이 무어라 말할 수 있기 전에 제자리로 돌아와 노트와 단장을 집어 들고, 마악 자리에 앉으려는 벗에게,

"나갑시다. 다른 데로 갑시다."

밖에, 여름밤, 가벼운 바람이 상쾌하다.

조선호텔

앞을 지나, 밤늦은 거리를 두 사람은 말없이 걸었다. 대낮에도 이 거리는 행인이 많지 않다. 참, 요사이 무슨 좋은 일 있소. 맞은편에 경성우

편국 삼층 건물을 바라보며 구보는 생각난 듯이 물었다. 좋은 일이라니——. 돌아보는 벗의 눈에 피로가 있었다. 다시 걸어 황금정으로 향하며, 이를테면 조그만 기쁨, 보잘것 없는 기쁨, 그러한 것을 가졌소. 뜻하지 않은 벗에게서 뜻하지 않은 엽서라도 한 장 받았다는 종류의……

"갖구말구."

벗은 서슴지 않고 대답하였다. 노형같이 변변치 못한 사람은 죽을 때까지 받아 보지 못할 편지를, 그리고 벗은 허허 웃었다. 그러나 그것은 공허한 음향이었다. 내용증명의 서류 우편. 이 시대에는 조그만 한 개의 다료를 경영하기도 수월치 않았다. 석 달 밀린 집세. 총총하던 별이 자취를 감추고 하늘이 흐렸다. 벗은 갑자기 휘파람을 분다. 가난한 소설가와 가난한 시인과…… 어느 틈엔가 구보는 그렇게도 구차한 내 나라를 생각하고 마음이 어두웠다.

"혹시 노형은 새로운 애인을 갖고 싶다 생각 않소."

벗이 휘파람을 마치고 장난꾼같이 구보를 돌아보았다. 구보는 호젓하게 웃는다. 애인도 좋았다. 애인 아닌 여자도 좋았다. 구보가 지금 원함은 한 개의 계집에 지나지 않는지도 몰랐다. 또는 역시 어질고 총명한 아내라야 하였을지도 몰랐다. 그러다가 구보는 문득, 아내도 계집도 말고 십칠팔 세의 소녀를, 만약 그럴 수 있다면 딸을 삼고 싶다고 그러한 엄청난 생각을 하여 보았다. 그 소녀는 마땅히 아리따웁고 명랑하고, 그리고 또 총명하여야 한다. 구보는 자애 깊은 아버지의 사랑을 가지고 소녀를 데리고 여행을 할 수 있을 게다——.

갑자기 구보는 실소하였다. 나는 이미 그토록 늙었나. 그래도 그 욕망은 쉽사리 버려지지 않았다. 구보는 벗에게 알리고 싶은 것을 참고, 혼자 마음속에 그 생각을 즐겼다. 세 개의 욕망. 그 어느 한 개만으로도

구보는 이제 용이히 행복될지 몰랐다. 혹은 세 개의 욕망의, 그 셋이 모두 이루어지더라도 결코 구보는 마음의 안위를 이룰 수 없을지도 몰랐다. 역시 그것은 '고독'이 빚어내는 사상이었다.

　　나의 원하는 바를 월륜도 모르네

　문득 〈춘부〉의 일행시를 구보는 입 밖에 내어 외어 본다. 하늘은 금방 빗방울이 떨어질 것같이 어둡다. 월륜은커녕, 혹은 구보 자신 알지 못하고 있을지도 모른다. 어느 틈엔가 종로에까지 다시 돌아와, 구보는 갑자기 손에 든 단장과 대학노트의 무게를 느끼며 벗을 돌아보았다. 능히 오늘 밤 술을 사 줄 수 있소. 벗은 생각하여 보는 일 없이 고개를 끄덕이었다. 구보는 다시 다리에 기운을 얻어, 종각 뒤, 그들이 가끔 드나드는 술집을 찾았을 때, 그러나 그 곳에는 늘 보던 여급이 없었다. 낯선 여자에게 물어, 그가 지금 가 있는 낙원정의 어느 카페 이름을 배우자, 구보는 역시 피로한 듯싶은 벗의 팔을 이끌어 그리로 가자, 고집하였다. 그 여급을 구보는 이름도 몰랐다. 이를테면 벗이 흥미를 가지고 있는 계집이었다. 마치 경박한 불량 소년과 같이, 계집의 뒤를 쫓는 것에서 값없는 기쁨이나마 구보는 맛보려는 심리인지도 모른다.

처음에

벗은, 그러나 구보의 말을 좇지 않았다. 혹은 벗은 그 여급에게 흥미를 느끼지 않고 있었던 것인지도 모른다. 그러나 만약 그가 그 여자에게 무어 느낀 게 있었다 하면 그것은 분명히 흥미 이상의 것이었을 게다. 그들이 마침내 낙원정으로 그 계집 있는 카페를 찾았을 때, 구보는 그러나 벗의 감정이 그 둘 중의 어느 것도 아니었다는 것을 알았다. 혹은, 어느 것이든 좋았었는지도 몰랐다. 하여튼 벗도 이미 늙었다. 그는 나이로 청춘이었으면서도 기력과 또 정열이 결핍되어 있었다. 까닭에 그가 항상 그렇게도 구하여 마지않는 것은, 온갖 의미로서의 자극이었는지도 모른다.

여급이 세 명, 그리고 다음에 두 명, 그들의 탁자로 왔다. 그렇게 많은 '미녀'를 그 자리에 모이게 한 것은, 물론 그들의 풍채도 재력도 아니다. 그들은 오직 이 곳에 신선한 객이었고, 그리고 노는 계집들은 그렇게도 많은 사나이들과 알은 체하기를 좋아하였다. 벗은 차례로 그들의 이름을 물었다. 그들의 이름에는 어인 까닭인지 모두 '고'가 붙어 있었다. 그것은 결코 고상한 취미가 아니었고, 그리고 때로 구보의 마음을 애닯게 한다.

"왜, 호구 조사 오셨어요."

새로이 여급이 그들의 탁자로 와서 말하였다. 문제의 여급이다. 그들이 그 계집에게 알은 체하는 것을 보고, 그들의 옆에 앉았던 두 명의 계집이 자리를 양도하려 엉거주춤 일어섰다. 여자는, 아니, 그대루 앉아 있으세요, 사양하면서도 벗의 옆에 가 앉았다. 이 여자는 다른 다섯 여자들보다 좀더 어여쁠 것은 없었다. 그래도 어딘지 모르게 기품이 있어 보이기는 하였다. 벗이 그와 둘이서만 몇 마디 말을 주고받고 하였을 때, 세 명의 여급은 다른 곳으로 가 버리고 말았다. 동료와 친근히 하고 있는 듯싶은 객에게, 계집들은 결코 흥미를 느끼지 않는다.

"어서 약주 드세요."

이 탁자를 맡은 계집이, 특히 벗에게 권하였다. 사실, 맥주를 세 병째 가져오도록 벗이 마신 술은 모두 한 곱보(컵)나 그밖에 안 되었던 것임에 틀림없었다. 그러나 벗은 오직 그 곱보를 들어 보고 또 입에 대는 척하고, 그리고 다시 탁자에 놓았다. 이 벗은 음주 불감증이 있었다. 그러나 물론 계집들은 그런 병명을 알지 못한다. 구보에게 그것이 일종의 정신병임을 듣고, 그들은 철없이 눈을 둥그렇게 떴다. 그리고 다음에 또 철없이 그들은 웃었다. 한 사나이가 있어 그는 평소에는 술을 즐기지 않으면서도 때때로 감주를 하여, 언젠가는 일본주를 두 되 이상이나 먹고, 그리고 거의 혼도를 하였다고 한 계집은 이야기를 하고, 그리고 그것도 역시 정신병이냐고 구보에게 물었다. 그것은 기주증, 갈주증 또는 황주증이었다. 얼마 전엔가 흥미를 가져 읽은 《현대의학대사전》 제이십삼 권은 그렇게도 유익한 서적임에 틀림없었다.

갑자기 구보는 온갖 사람을 모두 정신병자라 관찰하고 싶은 강렬한 충동을 느꼈다. 실로 다수의 정신병 환자가 그 안에 있었다. 의상분일증, 언어도착증, 과대망상증, 추외언어증, 여자음란증, 지리멸렬증, 질투망상증, 남자음란증, 병적기행증, 병적허언기편증, 병적부덕증, 병적낭비증……

그러다가 문득 구보는 그러한 것에 흥미를 느끼려는 자기가, 오직 그런 것에 흥미를 갖는다는 것만으로도 이미 한 것(한사람)의 환자에 틀림없다 깨닫고, 그리고 유쾌하게 웃었다.

그러면

무어, 세상 사람이 다 미친 사람이게──. 구보 옆에 조그마니 앉아, 말 없이 구보의 이야기만 듣고 있던 여급이 당연한 질문을 하였다. 문득 구보는 그에게로 향하여 비스듬히 고쳐 앉으며 실례지만, 하고 그러한 말을 사용하고, 그의 나이를 물었다. 여자는 잠깐 망살거리다가(망설거리다가),

"갓 스물이에요."

여성들의 나이란 수수께끼다. 그래도 이 계집을 갓 스물이라 볼 수는 없었다. 스물다섯이나 여섯. 적어도 스물넷은 됐을 게다. 갑자기 구보는 일종의 잔인성을 가지고, 그 역시 정신병자임에 틀림없음을 일러 주었다. 당의즉답증. 벗도 흥미를 가져 그에게 그 병에 대하여 자세한 것을 물었다. 구보는 그의 대학노트를 탁자 위에 펴 놓고, 그 병의 환자와 의원 사이의 문답을 읽었다. 코는 몇 개요. 두 갠지 몇 갠지 모르겠습니다. 귀는 몇 개요. 한 갭니다. 셋하구 둘하구 합하면. 일곱입니다. 당신 몇 살이요. 스물하납니다(기실 삼십팔 세). 매씨는. 여든한 살입니다. 구보는 공책을 덮으며, 벗과 더불어 유쾌하게 웃었다. 계집들도 따라 웃었다. 그러나 벗의 옆에 앉은 여급 말고는 이 조그만 이야기를 참말 즐길 줄 몰랐던 것임에 틀림없었다. 특히 구보 옆의 환자는, 그것이 자기의 죄 없는 허위에 대한 가벼운 야유인 것을 깨달을 턱 없이 호호대고 웃었다. 그는 웃을 때마다, 말할 때마다 언제든 수건 든 손으로 자연을 가장하여 그의 입을 가린다. 사실 그는 특히 입이 모양 없게 생겼던 것임에 틀림없었다. 구보는 그 마음에 동정과 연민을 느꼈다. 그러나 그것은 물론 애정과 구별되지 않으면 안 된다. 연민과 동정은 극히 애정에 유사하면서도 그것은 결코 애정일 수 없다. 그러나 증오는——증오는 실로 왕왕히 진정한 애정에서 폭발한다…… 일찍이 그의 어느 작품에서 사용하려다 말았던 이 일절은 구보의 옅은 경험에서 유출된 것에 지나지 않았어도, 그것은 혹은 진리였을지도 모른다. 그런 객쩍은 생각을 구보가 하고 있었을 때, 문득 또 한 명의 계집이 생각난 듯이 물었다. 그럼 이 세상에서 정신병자 아닌 사람은 선생님 한 분이겠군요. 구보는 웃고, 왜 나두…… 나는, 내 병은

"다변증이라는 거라우."

"무어요, 다변증……?"

"응, 다변증, 쓸데없이 잔소리 많은 것두 다아 정신병이라우."

"그게 다변증이에요오?"

다른 두 계집도 입안말로 '다변증' 하고 중얼거려 보았다. 구보는 속주머니에서 만년필을 꺼내어 공책 위에다 초한다(기초한다. 즉 글의 초안을 잡는다). 작가에게 있어서 관찰은 무엇에든지 필요하였고, 창작의 준비는 비록 카페 안에서라도 하여야 한다. 여급은 온갖 종류의 객을 대함으로써, 온갖 지식을 얻으려 노력하였다──. 잠깐 펜을 멈추고, 구보는 건너편 탁자를 바라보다가, 또 가만히 만족한 웃음을 웃고, 펜 잡은 손을 놀린다. 벗이 상반신을 일으키어, 또 무슨 궁상맞은 짓을 하는 거야──그리고 구보가 쓰는 대로 그것을 소리 내어 읽었다. 여자는 남자와 마주 대하여 앉았을 때, 그 다리를 탁자 밖으로 내어놓고 있었다. 남자의 낡은 구두가 탁자 밑에서 그의 조그만 모양 있는 숙녀화를 밟을 것을 염려하여서가 아닐 게다. 그는 오늘, 그가 그렇게도 사고 싶었던 살빛 나는 비단 양말을 신을 수 있었다. 그리고 그것은 그렇게도 자랑스러웠던 것임에 틀림없었다.

흥, 하고 벗은 코로 웃고 그리고 소설가와 벗할 것이 아님을 깨달았노라 말하고, 그러나 부디 별의별 것을 다 쓰더라도 나의 음주 불감증만은 얘기 말우──. 그리고 그들은 유쾌하게 웃었다.

구보와 벗과

그들의 대화의 대부분을, 물론 계집들은 알아듣지 못하였다. 그러면서도 그들은 능히 모든 것을 이해할 수 있었던 듯이 가장하였다. 그러나 그것은 결코 죄가 아니었고, 또 사람은 그들의 무지를 비웃어서는 안 된다. 구보는 펜을 잡았다. 무지는 노는 계집들에게 있어서 혹은 없어서는 안 될 물건이나 아닐까. 그들이 총명할 때, 그들에게 괴로움과 아픔과 쓰라림과…… 그 온갖 것이 더하고, 불행은 갑자기 나타나 그들의 마음을 사로잡고 말 게다. 순간, 순간에 그들이 맛볼 수 있는 기쁨을, 다행함을, 비록 그것이 얼마나 값없는 물건이더라도, 그들은 무지라야 비로소 가질 수 있다…… 마치 그것이 무슨 진리나 되는 듯이. 구보는 노트에 초하고, 그리고 계집이 권하는 술을 사양 안했다.

어느 틈엔가 밖에 비가 내리고 있었다. 가만한 비다. 은근한 비다. 그렇게 밤늦어 그렇게 은근히 비 내리면, 구보는 때로 애달픔을 갖는다. 계집들도 역시 애달픔을 가졌다. 그들은 우산의 준비가 없이 그들의 단벌옷과 양말과 구두가 비에 젖을 것을 염려하였다.

유끼짱——. 보이지 않는 구석에서 취성이 들려왔다. 구보는 창밖 어둠을 바라보며, 문득 한 아낙네를 눈앞에 그려 보았다. 그것은 '유끼'——눈이 그에게 준 생각이었는지도 모른다. 광교 모퉁이 카페 앞에서, 마침 지나는 그를 작은 소리로 불렀던 아낙네는 분명히 소복을 하고 있었다. 말씀 좀 여쭤 보겠습니다. 여인은 거의 들릴락말락한 목소리로 말하고, 걸음을 멈추는 구보를 곁눈에 느꼈을 때, 그는 곧 외면하고, 겨우 손을 내밀어 카페를 가리키고, 그리고

"이 집에서 모집한다는 것이 무엇이에요?"

카페 창 옆에 붙어 있는 종이에 '女給 大募集. 여급 대모집' 두 줄로 나뉘어 씌어 있었다. 구보는 새삼스러이 그를 살펴보고, 마음에 아픔을 느꼈다. 빈한은 하였을지도 모른다. 그러나 그는 제 자신 일거리를 찾아 거리에 나오지 않아도 좋았을 게다. 그러나 불행은 뜻하지 않고 찾아와, 그는 아직 새로운 슬픔을 가슴에 품은 채 거리로 나오지 않으면 안 되었던 것일 게다. 그에게는 거의 장성한 아들이 있을지도 모른다. 혹은 그것이 아들이 아니라 딸이었던 까닭에 가엾은 이 여인은 제 자신 입에 풀칠하기를 꾀하지 않으면 안 되었을 게다. 그의 처녀 시대에 그는 응

당 귀하게 아낌을 받으며 길러졌을지도 모른다. 그의 핏기 없는 얼굴에는 기품과 또 거의 위엄조차 있었다. 구보가 말을 삼가, 여급이라는 것을 주석할 때, 그러나 그 분명히 마흔이 넘었을 아낙네는 그의 말을 끝까지 듣지 않고, 혐오와 절망을 얼굴에 나타내고, 구보에게 목례한 다음, 초연히 그 앞을 떠났다……

구보는 고개를 돌려, 그의 시야에 든 온갖 여급을 보며, 대체 그 아낙네와 이 여자들과 누가 좀더 불행할까, 누가 좀더 삶의 괴로움을 맛보고 있는 걸까, 생각하여 보고 한숨지었다. 그러나 그 좌석에서 그러한 생각을 하는 것은 옳지 않았을지도 모른다. 구보는 새로이 담배를 피워 물었다. 그러나 탁자 위에 성냥갑은 두 갑이 모두 비어 있었다.

조그만 계집아이가 카운터로 달려가 성냥을 가져왔다. 그 여급은 거의 계집아이였다. 그가 열여섯이나 열일곱, 그렇게 말하더라도 구보는 결코 의심하지 않았을 게다. 그 맑은 두 눈은 그의 뺨의 웃음우물(웃을 때 오목해지는 것)은 아직 오탁에 물들지 않았다. 구보가 그 소녀에게 애달픔과 사랑과, 그것들을 한꺼번에 느낄 수 있었던 것은 결코 취한 탓만이 아니었을지도 모른다. 너 내일 낮에, 나하구 어디 놀러 가련. 구보는 불쑥 그러한 말조차 하며, 만약 이 귀여운 소녀가 동의한다면, 어디 야외로 반일을 산책에 보내도 좋다고 생각한다. 그러나 소녀는 그 말에 가만히 미소하였을 뿐이다. 역시 그 웃음우물이 귀여웠다.

구보는 문득 수첩과 만년필을 그에게 주고, 가면 ○을, 부면 ×를, 그리고 ○인 경우에는 내일 정오에 화신상회 옥상으로 오라고, 네가 무어라고 표를 질러 놓든 내일 아침까지는 그것을 펴 보지 않을 테니 안심하고 쓰라고, 그런 말을 하고, 그 새로 생각해 낸 조그만 유희에 구보는 명랑하게 또 유쾌하게 웃었다.

오전 두 시의

종로 네거리——가는 비 내리고 있어도, 사람들은 그 곳에 끊임없다. 그들은 그렇게도 밤을 사랑하여 마지않았는지도 모른다. 그들은 그렇게도 용이하게 이 밤에 즐거움을 구하여 얻을 수 있었는지도 모른다. 그리고 그들은 일순, 자기가 가장 행복된 것같이 느낄 수 있었는지도 모른다. 그러나 그들의 얼굴에, 그들의 걸음걸이에 역시 피로가 있었다. 그들은 결코 위안받지 못한 슬픔을, 고달픔을 그대로 지닌 채, 그들이 잠시 잊었던 혹은 잊으려 노력하였던 그들의 집으로, 그들의 방으로 돌아가지 않으면 안 된다.

이렇게 밤늦게 어머니는 또 잠자지 않고 아들을 기다릴 게다. 우산을 가지고 나가지 않은 아들에게 어머니는 또 한 가지의 근심을 가질 게다. 구보는 어머니의 조그만, 외로운, 슬픈 얼굴을 생각하였다. 그리고 제 자신 외로움과 또 슬픔을 맛보지 않으면 안 된다. 구보는 거의 외로운 어머니를 잊고 있었던 것임에 틀림없었다. 그러나 어머니는 그 아들을 응당, 왼하루 생각하고 염려하고, 또 걱정하였을 게다. 오오, 한없이 크고 또 슬픈 어머니의 사랑이여. 어버이에게서 남편에게로, 그리고 다시 자식에게로 옮겨가는 여인의 사랑——. 그러나 그 사랑은 자식에게로 옮겨간 까닭에 그렇게도 힘있고 또 거룩한 것이 아니었을까.

구보는 벗이, 그럼 또 내일 만납시다. 그렇게 말하였어도 거의 그것을 알아듣지 못하였다. 이제 나는 생활을 가지리라. 생활을 가지리라. 내게는 한 개의 생활을, 어머니에게는 편안한 잠을——. 평안히 가 주무시오. 벗이 또 한 번 말했다. 구보는 비로소 그를 돌아보고, 말없이 고개를 끄덕하였다. 내일 밤에 또 만납시다. 그러나 구보는 잠깐 주저하고, 내일, 내일부터 나 집에 있겠소, 창작하겠소——.

"좋은 소설을 쓰시오."

벗은 진정으로 말하고, 그리고 두 사람은 헤어졌다. 참말 좋은 소설을 쓰리라. 번 드는(순번이 되어 서는 곳에 들어가다) 순사가 모멸을 가지고 그를 훑어보았어도, 그는 거의 그것에서 불쾌를 느끼는 일도 없이, 오직 그 생각에 조그만 한 개의 행복을 갖는다.

"구보——."

문득, 벗이 다시 그를 찾았다. 참, 그 수첩에다 무슨 표를 질렀나 좀 보우. 구보는 안주머니에서 꺼낸 수첩 속에서 크고 또 정확한 ×표를 찾아내었다. 쓰디쓰게 웃고, 벗에게 향하여, 아마 내일 정오에 화신상회 옥상으로 갈 필요는 없을까 보오. 그러나 구보는 적어도 실망을 갖지 않았다. 설혹 그것이 ○표라 하였더라도 구보는 결코 기쁨을 느낄 수는 없었을 게다.

구보는 지금 제 자신의 행복보다도 어머니의 행복을 생각하고 싶었을 지도 모른다. 그 생각에 그렇게 바빴을지도 모른다. 구보는 좀더 빠른 걸음걸이로 은근히 비 내리는 거리를 집으로 향한다.

어쩌면, 어머니가 이제 혼인 얘기를 꺼내더라도, 구보는 쉽게 어머니의 욕망을 물리치지는 않을지도 모른다.

수 염

　나의 코 밑에 '감숭' 하던 놈이 '깜숭' 하게 되기까지에는 실로 칠 개월간의 노력과 고심과 인내가 필요하였던 것이다. 물론 나의 노력이며, 나의 고심이며, 나의 인내이다.
　칠 개월이라 하면 우스운 것 같아도, 그것이 실로 반 년과 또 한 달인 것을 생각하여 보면, 내 스스로 내 자신이 '참을성 많은 인물' 인 것에 세 번 감탄 아니할 수 없다. 또 그러하니만치, 이 '깜숭' 한 놈이 내게는 제법 소중한 물건이 되는 것이다.

　나의 이 '소중한 수염' 이 맨 처음으로 그 존재를 시인받은 것은 작년 여름에 내가 대수롭지 않은 병으로 하여 두 달 동안 자리에 누워 있게 되었을 때다. 한 달 넘어 게을리한 면모 덕에 코 밑이 약간 '감숭' 하여진 것을, 자리에 누워서 본 거울 속에 발견하였을 때, 나는 마침 문병차로 온 A군에게——(반은 혼잣말로)——
　"이제 나도 수염이나 좀 길러 볼까?"
하고 말하였던 것이다. 물론 웃음의 말로 한 것이지만, '웬만하면 길러 보아도 좋다' ——정도의 생각은 있었다. 그 때 A군은 그냥 빙그레 웃기만 하였다. 그 웃는 양이,
　"아직 일르이."

하는 것같이 나에게는 생각되었다. 나는 그것을 시인하였다.

　사실 '기유생'인데다 생일이 섣달 초이레라, 애매하게 먹은 한 살을 생각하면, 우선 '수염' 두 자를 나의 입이 발음한다는 것부터 너무나 대담한 짓임에 틀림없었다. 이것을 잘 알고 있는 나인 까닭에, 그 약간의 수염 기를 생각은 그 즉시 스러지고 말았던 것이다. 그러나 농담으로는 가끔 나의 입에서 나왔다.

　——반사십(스물 살)이니 수염 기를 때도 되었으렷다.

　——코 밑이 밋밋하면 어째 섭섭해.

　——가령 '카이젤'에게서 그 위대한 수염을 없애 버린다 하면…….

　그들은 나의 말에 대하여 A군이나 한가지로 빙그레 웃기만 하였다. B군도, C군도, D군도, 그리고 누구의 어떠한 말에든지 말 한 마디 없이는 못 배기는 E까지도…….

　E군까지도 나의 말에 냉담하였던 까닭에 나는 그 후 병상을 떠날 때까지 꼭 이 주일 동안 '수염' 두 자를 입 밖에 내어 놓지 않았다.

　이 주일이 지났다. 나는 자리에서 일어났다.

　머리가 어지러웁고 배에 기운이 없었으나, 두 달 동안 방 속에 갇혀 있었던 몸이라, 거리로 휘돌아다니고 싶어 견딜 수 없었으므로, 조반을 치르자 그 즉시 옷을 갈아입고 모자를 썼다. 물론, 어디로 가리라는 예정은 없었으나, 모자를 쓸 때 들여다본 거울 속에 머리털이 텁수룩한 게 몹시도 추접한 얼굴을 발견한 나는, 우선 이발소로 발길을 향하였다.

　그 날을 나는 지금도 기억하고 있다. 그것은, 그 날이 실로 내가 '수염'을 기르리라고 굳게 결심한 날인 까닭이다. 이발소 의자에 앉아, 이발사에게 나의 머리를 맡겨 놓고, 삼십 분 가량 '거울 속의 나'와 마주 대하고 있는 동안에 이 경탄할 대결심은 생겼던 것이다. 그러나 물론 내가 하는 일이라 결코 경솔하게 그러한 결심을 한 것은 아니다.

그 결심을 하기 전에 나는 우선 수염이 나의 얼굴에 주는 영향을 미학적 견지에서 고찰하여 보았던 것이다.――만점이었다.

둘째로, 나는 이 '감숭한 놈'이――솜털과 그다지 큰 차이가 없는 놈이 '깜숭한 놈'으로, 정말 수염으로 되기까지의 경과를 예측하여 보았다. 실상 기모근이 활발하지 못한 수염을 기르려고 하기 때문에, 일 이 년 동안 듬성듬성 난 '검숭한 놈'을 입 위에 진열하여 놓았다가 드디어 더 참지 못하고 깎아 버리는 등의 추태를 연출하는 사람이 결코 없지 않은 까닭에…….

――그러나 나에게는 절대적인 자신이 있었다.

까닭에 나는 수염을 기르리라고 결심하였던 것이다.

이발사는 머리를 가지런히 쳐 놓고 면도와 비눗물을 가지고 나의 옆으로 왔다. 그는 나의 두 뺨과 턱에 차례로 비누칠을 하고 난 다음에, 은근한 말소리로 이렇게 말하였다.

"기르시렵니까?"

물론, 나의 '수염'을 가리켜 하는 말이다. 나는 그가 나의 '감숭한 놈'의 존재를 알아준 것에 기쁨과 만족을 느끼며,

"예에."

하고 대답하였다. 그러나 나의 마음은 불안하였다. 혹시나 이발사가,

'젊은 애가 건방지게…….'

하는 종류의 비웃음을 갖지나 않을까?――하여서이다. 나는 눈을 살며시 뜨고, 나의 턱에 면도질을 하고 있는 그를 흘깃 쳐다보았다. ――아무런 표정도 없었다. 나는 적이 안심하였으나, 그래도 마음속의 불안한 음영을 어찌할 길 없어, 불쑥 이러한 말을 하였다.

"지난번에 각황사에를 갔더니, 주지 되시는 어른이 수염 좀 길러 보지 않겠느냐고 하시기에……."

──이것은 물론 거짓말이다. 그러나 이만큼 예술적으로 거짓말이 나온 까닭인지, 나는 십계의 하나를 깨뜨렸음에도 불구하고 마음이 기뻤다. 그러나 이발사가,

"네, 그러십니까? 그런 일이 흔히 있습죠."

하는 말에는 약간 얼굴조차 붉어졌던 것이다.

그러나 그야 어떻든, 코 밑에 '감숭한 놈'을 남겨 둔 채 이발소를 나온 나는, 경험 없는 사람에게는 상상하기 어려운 기쁨 속에서 혼자 빙그레 웃었다. 나는 그 길로 D군을 심방하였다. D군은 나가고 없었다. 나는 E군의 집으로 발길을 돌렸다.

나는 걸어가면서, E군의 일이니까 그 때는 아무 말도 없이 냉담한 태도를 보였지만, 이번에 이렇게 확호불발한 결심의 표적을 보여 주는 이상 묵살할 수는 없으리라고 생각하였다.

과연──

E군은 나의 얼굴을 보자, 비웃음과 놀라움이 한데 뒤범벅을 한 표정과 어조로 말하였던 것이다.

"정말이지, 보기 흉허이."

그리고 또,

"수염이 날 때도 아닌데…… 인제 저대로 더 자라지 않네."

그러나 나는 조금도 괘념하지 않았다. E군의 하는 말은 내가 수염을 기를 결심을 하기 전에 재삼 신중히 생각하여 보았던 것인 까닭에…….

그러자 A군, B군, C군, D군이 차례로 모여들었다. 그리고 차례로 나의 '감숭한 놈'에 너무나 이해 없는 비평을 쏟아 놓았다. 그 중에는 '돼지털'이라는 너무나 실례되는 언사로 나의 수염을 모욕한 친구조차 있

었다. 그러나 나는 태연한 태도를 끝까지 보존하였다.

——천재에게 박해가 피할 수 없는 것인 것과 같이, 위대한 사업에는 언제든 비난이 수반되는 것이다.

이것을 나는 알고 있었던 까닭에, 그들의 '비난'과 '조소'에 정비례하여 나의 수염의 가치가 위대하여지는 것을 깨닫고, 빙그레—— 만족한 웃음조차 웃었다. 그리고 속으로 생각하였다.

(이번 겨울, 나의 생일까지에 사 개월의 시일이 있다. 사 개월이면 나의 이 '감숭한 놈'이 제법 수염다운 위풍을 보일 테지. 그 때 나는 술잔을 기울이며 나의 수염에 대한 그들의 불근신한 관념을 일소시켜 버리리라…….)

나의 마음은 한없이 만족하였다.

그러나 경과는 나의 예상 밖으로 그 후 두 달이 지나도록 아무런 변화도 나의 수염 위에 일어나지 않았다. 호사다마라는 진부한 문자가, 하필 나의 수염을 그 실례로 선택할 줄은 몰랐다.

나는 거울을 대할 때마다 초조함을 느꼈다. 물론 친구들의 조롱은 참으로 참기 어려운 것이었다. 그 중에도 나의 자존심을 가장 치명적으로 상해 놓은 것은 이발사였다.

내가 수염을 기르려고 결심을 한 후, 두 번째로 이발을 하러 갔을 때, 이발사는 면도하기 이르러 이렇게 말하였다.

"그대로 기르시렵니까?"

——물론 이것을 이발사의 무심한 습관에서 나온 말이라면 그만일는지 모르지만, 나에게는 절대로 그렇게는 생각되지 않았다. 나는 그의 말에서 두 가지 뜻을 찾아내었던 것이다.

"젊은 양반이 보기 싫으니 깎아 버리슈."

또 하나는.

"벌써 두 달이 됐건만 그저 이 모양이니, 깎아 버리는 게 낫겠쇠다……."

사실 말이지, 나에게 있어서 이만한 모욕은 이제까지 없었다. 그러나 나는 조금도 그러한 티는 보이지 않고 가만히, 그러나 힘있게,

"예에, 그냥 둡쇼."

하였다. 그리고 눈을 들어, 이발사의 '한 줌은 착실히 되는' 깜숭한 놈을 적의와 선망을 가지고 관찰하였다. 미적 가치는 비록 '제로'에 가까운 것이었으나, 그 분량만은 확실히 '탐스러운 것'이었다. 나는 그것을 부인할 수 없었다.

까닭에 나는, 그가 고개를 숙여 나의 빈약하게도 '감숭한 놈'의 양쪽 끝을 따고 있는 동안 그지없는 치욕을 느끼고, 그에게서 면도를 빼앗아 가지고, 그의 수염을 몽탕! 잘라 버리고 싶은 충동을 깨달았던 것이다.

그러나 내가 나의 수염으로 하여 나의 자존심을 상하였던 것은, 결코 이만한 정도에 그치지는 않았다.

그 곳에는 또 어머니의 조소가 있었다. 형의 조소가 있었다. 숙모의 조소가 있었다. 그리고 실로 나의 사랑하는 사촌누이의, 나의 총애를 믿는 데서 가질 수 있는 가장 대담한 태도의 기탄없는 조소가 있었던 것이다.

그러나 나는 여기서, 그들이 과연 얼마나 몰이해하고 또 냉혹한 '비웃음'을 나에게 주었던 것인지를 그대로 독자에게 알릴 용기도 욕심도 없다.

결국, 나는 나의 수염 하나로 하여, 사면초가 속에서 초패왕의 끝없는 슬픔을 맛보았던 것이다. 만약 이대로 진행한다면 나는 오강(오나라의

강)에 가서——아니, 이발소에 가서 수염을 깎아 버릴 수밖에 없게 될 것이겠지…….

이러는 동안에도 때는 흘러갔다. 호열자니, 장질부사니, 유행성 감모(감기)니, 이러한 것들로 하여, 큰 야단법석들을 하는 일도 없이 지나간 서울 거리에 서리가 왔다. 눈이 왔다. 눈과 함께 겨울이 왔다. 그리고 겨울과 함께 나의 생일이 왔던 것이다. 그러나 나의 생일과 함께 있어야 할 나의 수염의 '자랑'은 없었다. 여전히 고만한 것이 '감숭한 놈'……, 나의 무례한 친구들의 '비웃음' 앞에 마음 놓고 웃고도 싶고 울고도 싶었다.

이 감정이 어떻게나 격렬한 것이었던지 수염 기른 지 다섯 달째 되는 어느 날 이발소에 갔었을 때에는, 아무 말 없이 나의 수염 양쪽 끝을 추리고 있는 이발사에게서 면도를 빼앗아, 나의 코 밑을 피가 나도록 훑어 버리고 싶은 것을, 뱃속에 꾹! 누르고 있느라고 여간한 노력을 한 것이 아니었다. 그 곳에 나의 '노력'이 있었던 것이다.

'고심'이 있었던 것이다.

그리고 '인내'…….

그 때, 나는 결심하였다.

——이제부터 영구히 거울을 보지 말리라고.

물론 그 '감숭한 놈'의 '감숭한 꼴'이 보기 싫어서이다.

하루가 지났다.——아무렇지도 않았다.

이틀이 지났다.——거울이 보고 싶었다.

사흘이 지났다.——그래도 나는 참았다.

이레가 지났다.——나는 고통을 느꼈다.

열흘이 지났다.——나는 참지 못하였다.

(이 열흘 동안 나의 수염이 비상한 형세로 자라지 않았다고, 뉘 능히 단언하겠는고…….)

이러한 저주를 받아서 가할 생각이 나의 굳은 결심을 근거로부터 파괴하여 버렸다. 나는 마침내 거울을 보고야 말았다. 그리고 곧 그놈을 팽개쳐 버렸다.

'깜숭' 하리라고만 믿었던 놈이 그저 그대로 '감숭' 하였던 까닭에…….

──까닭에 나는 참말로 다시 두 번이나 거울을 보지 않으리라고 굳게굳게 결심하였던 것이다.

이제 이차 결심 이후로 이십 일이 지났다. 그 이십 일 동안, 나는 나의 '노력' '고심' '인내'의 최대 능력을 발휘하여, '거울의 유혹'과 싸웠다.

그러나 이렇게 말하면 바로 내가 '마음이 웬만큼은 굳은 사람' 같이도 생각되지만, 실상은──(좀 부끄러운 이야기지만)──그렇지도 못하다.

나는 거울을 보지 못하는 대신에, 그 이십 일 동안, 매일같이 손가락으로 코 밑을 비벼 보았던 것이다. 그러나 그 결과는 언제든지 거울 이상의 고민을 나에게 주었다.

──거울에서는 빈약은 하나마 그래도 '감숭' 하니 그 존재라도 주장하고 있는 나의 수염이, 손가락으로 비벼 볼 때에는 아무 특수한 감촉도 없었던 까닭에…….

그 동안에도 친구들의 비웃음은 그냥 그대로 계속되었다. 그것이 나의 마음을 한층 더 괴롭게 군 것은 물론이다. 이 나의 정신적 고민이 나의 육체에도 현저한 영향을 주었던 것인지, B군, A군, D군, C군, 그리고 E군까지도 나에게 주의하여 주었던 것이다.

"양볼이 쪽 빠지고 얼굴빛이 말이 아닐세!"

이렇게──.

——결국, 수염 탓이었다…….

그러자 지금으로부터 꼭 일주일 전에 나는 이발을 하게 되었다. 근두 달이나 게으른 까닭으로 너무나 헙수룩하여, 하루라도 더 미룰 수가 없었던 까닭이다.

내가 수염을 기르리라고 결심한 날을 이미 기억하고 있는 이상, 절대로 이 날을 잊을 수가 없다. 그것은 소화 오년 삼월 ××일이다. 그러나 이 날이 우리 나라 역사에 무슨 유기적 관계도 없는 것일 뿐 아니라, 나이외의 사람에게는 아무 흥미도 없는 일이니 고만두기로 하고, 다만 저, 해 뜨고 비 오던 날이라면 아는 이는 알 것이다.

이 날 나는 '오정 뛰——'와 함께 이발소에 들어갔다. 그리고 사십여일 만에 거울과 처음 대하는 순간, 나는 소스라치게 놀라지 아니할 수 없었다.

나는 새삼스러이 이발소 안을 둘러보았다. 언제나 다름없는 이발소였다. 나는 살그머니 살을 꼬집어 보았다. 아팠다.

나는 칠 개월 전과 다름없는 얼굴에 코 밑에 '감숭' 하던 놈이 '깜숭' 하게 무서운 변화를 보이고 있는 인물을 '경탄' 과 더불어 버엉하니 바라보고 있었던 것이다.

그러나 다음 순간, 나는 모든 것을 확실히 깨달을 수 있었다.

"그렇다! 기적이다."

하고, 그리고 또 만족하게 웃었던 것이다.

"그렇다! 신은 이발소 안에도 존재한다……."

나의 이 '깜숭한 놈' 을 누구보다 먼저 칭찬하여 준 것은, 물론 이발사이었다.

"이렇게 갑작스리 훌륭하게 될 줄은 몰랐습니다. 헤, 헤, 헤……."

나는 치밀어 오르는 기쁨을 억제할 길이 없이,

"흐 흐 흐……."

하고 웃었다.

집으로 돌아오자, 누이가 남보다 먼저 이것을 발견하고 눈을 똥그랗게 떴다. 나는 짐짓,

"보기 숭없지? 깎아 버릴까?"

하고 물어보았다. 누이는 머리를 모로 흔들었다.

"아이, 왜 존데……."

나는 한없이 만족하였다. 그리고 이 만족감은, 그 후 이삼 일간에 A, B, C, D, E…… 제군의 눈에 '부러워하는 빛'이 확실히 떠도는 것을 볼 때에 고조에 달하였던 것이다.

이것으로 이야기를 마치기로 한다. 그러나 붓을 놓기 전에 한 마디 할 것이 있다. 그것은 '신'의 '존재'니, '기적'이니 하고 말한 것에 대하여 그것을 취소하려는 것이다.

그야, 나의 수염이 너무나 급격한 생장력을 보여 준 것은, 분명히 '초인간적' '초과학적'의 느낌이 없는 것이 아니로되, 그것을 좀더 신중히 고찰하여 볼 때, 결코 '신'의 '기적'이라고는 생각할 수 없다. 아무래도 그것은 틀림없이 나의 '노력', 나의 '고심', 나의 '인내'의 가장 당연한 결과이리라…….

작품 알아보기
(단편 문학)

〈달밤〉은 신문 원배달이 꿈인 반편이 황수건을 통해 시대가 바뀌어도 중요한 것은 인간 본연의 정이라는 것을 보여 주는 일종의 풍속 소설이다.

〈패강랭〉은 일제 시대 지식인들의 현실에 대한 암울한 절망감을 현이라는 작중 인물을 통해서 보여 주고 있다.

〈장삼이사〉는 3등 열차 안에서 일어나는 사소한 이야기를 그린 세태 소설이다. 창녀를 등장시켜 척박한 시대를 살아가는 우리 민족의 모습을 대변하고 있으며, 인간 관계의 단절과 속물적 근성을 리얼하게 그리고 있다.

〈비오는 길〉은 1936년에 발표된 작품으로, 공장과 집을 오가며 방관자적 태도로 세상을 살아가는 병일이라는 인물의 눈에 비친 세계를 묘사하고 있다.

〈소설가 구보씨의 일일〉은 작가의 분신인 구보씨를 통해 비춰지는 세태 풍경을 그리고 있다. 구보씨가 거리에 나서는 순간 그는 바로 소설가가 되며, 그가 걸어가는 과정이 바로 그의 작품이 된다. 박태원은 소설가 구보씨라는 인물 설정을 통하여 새로운 소설 방법론을 보여 주고 있으며, 1930년대의 도시 풍경을 그려 내고 있다.

논술 길잡이
(단편 문학)

❶ 〈달밤〉은 1930년대 성북동을 배경으로 하여 각박한 세태 속에서도 사라지지 않는 인간적인 따뜻함을 그려 내고 있다. 몇 개의 장면을 통하여 알 수 있는 황수건의 성격에 대해 얘기해 보자.

....

....

....

....

....

....

....

논술 길잡이
(단편 문학)

❷ 〈패강랭〉은 '대동강물이 차다'는 의미로 만들어진 제목이다. '밤 강물은 시체와 같이 차고 고요하다'는 마지막 문장이 상징하는 의미는 무엇일까? 현이 느끼는 조선의 현실을 바탕으로 써 보자.

．．

．．

．．

．．

❸ 〈비 오는 길〉에서는 병일이라는 자의식 강한 인물과 사진관 주인 이칠성의 모습을 대비시켜 보여 주고 있다. 두 사람의 성격과, 삶을 살아가는 태도의 차이를 비교해 보자.

．．

．．

．．

．．

．．

논·술·한·국·대·표·문·학〈전60권〉

펴 낸 이   정재상
펴 낸 곳   훈민출판사
주   소   경기도 고양시 덕양구 원당동 416번지
대 표 전 화   (031)962-3888
팩   스   (031)962-9998
출 판 등 록   제395-2003-000042호